此书谨献给泰王国公主诗琳通殿下六十华诞

泰国朱拉隆功大学孔子学院敬献

中国人民心中的
诗琳通公主

傅增有　〔泰〕马克仁　主编

สมเด็จพระเทพรัตนราชสุดาฯ
สยามบรมราชกุมารี
ในดวงใจของประชาชนจีน

图书在版编目（CIP）数据

中国人民心中的诗琳通公主 / 傅增有，（泰）马克仁主编. — 北京：北京大学出版社，2015.10

ISBN 978-7-301-26682-3

Ⅰ.①中… Ⅱ.①傅… ②马… Ⅲ.①诗琳通—生平事迹 Ⅳ.①K833.367=5

中国版本图书馆CIP数据核字(2015)第314980号

书　　　名	中国人民心中的诗琳通公主 ZHONGGUO RENMIN XINZHONG DE SHILINTONG GONGZHU
著作责任者	傅增有　〔泰〕马克仁　主编
责 任 编 辑	邓晓霞
标 准 书 号	ISBN 978-7-301-26682-3
出 版 发 行	北京大学出版社
地　　　址	北京市海淀区成府路205 号　100871
网　　　址	http://www.pup.cn　新浪微博：@北京大学出版社
电 子 信 箱	zpup@pup.cn
电　　　话	邮购部 62752015　发行部 62750672　编辑部 62767349
印　刷　者	北京大学印刷厂
经　销　者	新华书店
	730毫米×980毫米　16 开本　11.75印张　156千字 2015年10月第1版　2015年10月第1次印刷
定　　　价	80.00元

未经许可，不得以任何方式复制或抄袭本书之部分或全部内容。
版权所有，侵权必究
举报电话：010-62752024　电子信箱：fd@pup.pku.edu.cn
图书如有印装质量问题，请与出版部联系，电话：010-62756370

  值此诗琳通公主殿下60岁寿辰之际，我谨向公主殿下致以诚挚祝贺。

  春风化雨，润物无声。自1981年以来，公主殿下先后访华30多次，积极推动两国文化、科技、教育、农业、经贸等各领域务实合作，为增进中泰传统友谊、加强两国全面战略合作伙伴关系作出了重要贡献，赢得两国政府和人民的广泛赞誉，是当之无愧的中泰友好杰出使者。

  今年是中泰建交40周年。回首过去，中泰关系保持了健康稳定发展，各领域合作不断深化，成果丰硕，为两国和两国人民带来了实实在在的利益。展望未来，中泰关系正迎来新的发展契机，两国在铁路、经贸、能源、人文等领域务实合作潜力巨大，前景广阔。我们愿与泰方携手努力，共同为促进地区乃至世界的和平、稳定与发展不断作出新贡献。

  在这特殊的年份，祝愿诗琳通公主殿下幸福安康，祝愿中泰关系蓬勃发展，两国人民的友谊世代相传、万古长青！

中国人民政治协商会议全国委员会主席

俞正声

二〇一五年三月四日于北京

目　录

俞正声主席贺词（代序）..俞正声（Ⅰ）

真我性情　多才多艺——泰国公主诗琳通北大研修杂记..................郝　平（2）

我眼中的诗琳通公主..许　琳（12）

大道至简　上善若水——记泰国红十字会常务副会长诗琳通公主......彭珮云（17）

中泰姐妹一家亲..顾秀莲（19）

我与中泰友好的使者..王　蒙（22）

公主来访..铁　凝（26）

"中泰一家亲"最杰出的践行者..李小林（32）

挚爱同怀中泰亲..陈昊苏（35）

陪访札记..傅学章（37）

回忆与诗琳通公主交往的三个小故事..晏廷爱（47）

中泰情深　不解之缘——写在诗琳通公主六十寿辰之际..................管　木（51）

陪王蒙先生到公主家做客..陈　疆（57）

我认识的诗琳通公主..许智宏（62）

有幸结缘诗琳通公主..张砚秋（65）

玉壶冰清公主心..裴晓睿（70）

走近诗琳通公主..张　英（78）

勤学笃行的诗琳通公主..王若江（91）

金玉奇葩	范春明	(96)
可敬可爱的诗琳通公主	韩解况	(104)
感谢有你——写在诗琳通公主殿下六十华诞之际	朱晓星	(109)
我心目中的诗琳通公主	俞文虹	(114)
魅力公主诗琳通	裴晓睿	(120)
诗琳通公主是学习中国书法的榜样	张振国	(132)
心愿心语	傅增有	(135)
两件小事	任一雄	(141)
"孩子们不相信我是公主"	薄文泽	(148)
勤练太极　强身健体——我记忆中的泰王国公主诗琳通	彭　芳	(151)
友好使者　光辉楷模——诗琳通公主与朱拉隆功大学孔子学院	傅增有	(156)
紫檀缘　中泰情	陈丽华	(169)
编后语	编　者	(173)

真我性情　多才多艺
——泰国公主诗琳通北大研修杂记
郝　平

在泰国深受人民爱戴的诗琳通公主，对中国和中国文化情有独钟，三十多年里多次访华。她每出版一本有关中国的书，泰国就会掀起一次"中国热"。就是这样一位被誉为"中国通"的公主，2000年决定前来北大研修一个月，故事就从她来北大研修说起。

决定前来北大研修

诗琳通公主是一位学而不厌的人。2000年底，她决定来北大研修汉语。消息传来，我们立即忙碌起来。我当时担任北大校长助理兼国际合作交流部部长，深感责任重大，生怕接待中怠慢了公主。这毕竟不是三两天的访问，而是漫长的一个月时间。新上任的泰国驻华大使敦·博曼威耐（Don Pramudwinai）先生也经常到学校与我们商量接待及研修方案，大家共同对公主下榻的处所、教室和食堂逐一检查落实，彼此成了好朋友。

2001年2月14日，诗琳通公主作为中华文化研究项目奖学金的获得者，来到北大开始了为期一个月的研修生活。初春的北京寒风萧瑟而天色灰蒙，结冰的未名湖尚未融化。来自热带的泰国公主对此早有准备，她穿着一件长长的鸭绒大衣，戴着一条厚厚的围巾，开始了在北大的学习与生活。公主给我的第一印象是：微笑总是挂在脸上，和蔼可亲，平易近人，没有一点"公主"的架子。她喜欢与我们聊天，让我们紧张的心情，一下子放松下来。陪同她的几位工作人员很快也放松自如。大家像一个大家庭的成员，很快都熟悉了起来。

公主下榻在与湖心岛相对的未名湖北岸的"体斋"。体斋是旧时燕京大学沿着未名湖北岸修建的七栋仿故宫建筑之一，这七栋仿古建筑分别以其校训"德才均备体健全"而命名，从最西边的德斋，一直到最东边的体斋，构成燕园最美丽的景色。站在这里，湖光塔影，垂柳环绕，实在是梦幻景色。体斋原是一栋由长廊连接四方厅阁的老燕京大学的男生宿舍楼，前不久由美国帕卡德基金会捐赠三百多万美元整修一新，只有十几套客房，可以说是北大最安静的外事接待场所。

公主的研修生活就这样开始了。她的学习生活丰富而紧凑，主要包括四个方面：既有汉语和专业文化知识的学习（书法、二胡、绘画和太极拳），还进行了大量的参观游览和社会活动，如拜会季羡林、王蒙等中国知名学者，参观琉璃厂、中华世纪坛、老舍故居、郭沫若故居、北京四中、宏志中学、老年艺术团、北大附小、北大幼儿园、863科技成果展、北大生命科学学院和北大生物城等，会见河海大学校长，接受湖南画家赠送画集、毛笔和中国佛教协会赠送的《房山石经》，观看京剧、芭蕾舞和中央歌舞团演出，游览八大处公园、大觉寺、潭柘寺和慕田峪长城等旅游景点，等等。

真诚直率　童心未泯

提起"公主"这两个字，首先让人想到的就是"尊贵、华丽、至高无上"等美好的词语。而我所知道的这位泰国公主除了拥有以上特点之外，还是一位既和善、文静、温柔，又活泼开朗，有着真我性情的女士。

在外人看来，诗琳通公主是位性情沉稳、端庄的女士，特别是当有泰国人在场的时候，她总是不苟言笑。一旦开口，则是一字千金，保持着皇家的威严，举手投足更是处处显露出公主的尊贵。但当身边没有泰国人时，她性格中的另一面立刻展现出来：既温柔典雅，又不失幽默；既真诚直率，又童心未泯。闲暇的时候，公主会不时用中文与我开玩笑，或讲她经历过的趣事。

给我印象最深的是我们一起参观大觉寺，观看茶艺表演。一路上，公主兴致勃勃地给我讲了好几个笑话，其中一个是：

一次公主出访朝鲜，在与朝鲜国家领导人金日成会谈的时候，翻译不巧正患严重感冒，不停地咳嗽，尽管他尽量抑制，其间有一次还是不得不起身跑到室外去咳嗽。这个时候公主和金日成只能面面相觑，依靠简单的肢体语言和目光来交流。正当两人手足无措的时候，不知是谁一不小心说出了一句汉语，另一位也马上用汉语作了回答。当两人发现双方都可以用汉语交流的时候很是喜出望外，不约而同地哈哈大笑起来。等翻译忙不迭地赶回的时候，发现两人正愉快地用中文进行交谈，这回轮到翻译傻愣在那里了。

当公主给我讲这段往事的时候，我被她那绘声绘色的叙述感染了，为她的真诚直率和她的简单快乐而大放笑声。我不由想到，身为公主，能从这些严谨的日常事务中找到属于她自己的快乐，可见她有一颗多么恬静、淡然的心。在当今这个充满着矛盾、复杂的社会里，能保持这样的心境，足以见其修养的深厚。

落泪伤心的小朋友

作为研修活动的一个重要组成部分，我们为诗琳通公主安排了一些社会活动，访问北大附小即是其中之一。有一天，公主告诉我，她很想去北大附小看看，我立即把这一消息通知给附小校长。

2月28日下午，伴着和煦的阳光，我陪公主走进北大附小。发现校园里鸦雀无声，见不到一个学生。不但我感到纳闷，公主也用疑惑的眼神看着我。我便小声问旁边的校长："学生哪儿去了？"校长回答说："因为怕学生们乱跑，把他们都关进教室里学习了，你就放心吧！"我马上说："这样做不行，必须把学生放出来，恢复到自然状态，公主要参观的是活泼真实的校园。"公主说："对！对！"这样，校园又恢复了以往热闹的景象。公主马上开心起来，抚摸着小同学的头，问这问那，还走进教室旁听老师讲课。

随后，我们来到了北大幼儿园看望小朋友们，由于事先曾告诉他们，公主下午要来看望大家，所以小朋友们早早就坐在教室里等候公主的到来。听老师们说，这些四五岁的小朋友们听说公主要来，特别听话，洗干净了小手小脸早就等候在那里了。

可当公主出现在小朋友面前的时候，其中一个小朋友突然低声哭了起来。老师们又是哄又是劝，以为这个小朋友是不是哪里不舒服了。结果一问才知道，原来是因为公主没有穿白裙子。这位小朋友天真地认为，来访者就是身着白裙子的白雪公主，可眼前这位公主既没穿漂亮的白裙子，也没有小朋友们想象得那么年轻，他那小小的稚嫩的心怎么也想不明白为什么诗琳通公主与白雪公主不一样，所以就伤心地哭起来了。我们都不禁为这天真童稚的想法而莞尔。

一天，公主正在晨练，有位女士推着自行车，后座上有个小女孩，一直在不远处向这边张望。原来，公主参观附小时，没有到这位小姑娘所在的班上，回家后，小女孩就哭着要见公主。小姑娘的妈妈得知公主每天早上在未名湖畔练习太极拳，就答应一早领她来湖边见公主。平时上学校，这个小朋友总是不肯起床，而这天早早就起来了。晨练结束后，公主听说了此事，便走上前去跟她们打招呼。如愿以偿的小女孩开心地笑了，在场的人也都笑了。

拜见季羡林先生

诗琳通公主有语言天赋。大学期间，她主修了泰文学和历史，还辅修巴利文、梵文、古高棉文等专业，并精通英语、法语、中文，通晓拉丁文等。

由于公主对中国文化有深刻的理解，诗纳卡琳威洛大学聘她为中国历史系硕士研究生导师。而身为泰国陆军上将，诗琳通公主还为拍尊拉宗诰陆军军官学校编写了关于中国近代史若干重要事件的讲义，用作该校学员东亚史课程的教材。

2000年3月,为表彰诗琳通公主在传播中国文化方面的贡献,中国教育部向她颁发了"中国语言文化友谊奖",她成为获此殊荣的第一位外国人。

公主非常仰慕季羡林老先生,她所下榻的体斋与季老的住所13公寓,只隔着一个后湖。公主几次提出要拜见季老,向我们询问季老的身体情况。季老听说公主要来家里做客,也非常高兴。

8至13公寓,是位于北大后湖的几栋普通教师宿舍,季老的家位于13公寓的1门1至2单元。1单元是后补给季老的,朝东,三间屋子里放满了季老的藏书,是季老的小图书馆。笔者有幸进去过几次,藏书摆得满满当当,人要侧着身进。季老居住在西边那个单元。

那天下午,我们陪同公主来到季老的家里。穿着一身中山装的季老早早就等候在门口了。两位一见如故,很快就打开话匣子。常常被季老写进书中的那只白猫,似乎也知道尊贵客人的到来,先是跟着季老到门口迎接公主,然后乖乖地坐在季老的腿上,认真"聆听"这位国学大师与公主的对话。

诗琳通公主在郝平部长(左一)的陪同下拜访季羡林先生。

两人从佛教谈起，接着又谈到梵文、巴利文、古高棉文，两人津津乐道。我们对他们所谈的深奥知识的确缺乏了解，有些云里雾里。

谈话结束后，季老把公主送到门外，直至目送公主的汽车拐弯消失。

获得名誉博士学位

一个月后，诗琳通公主圆满完成了研修计划。在公主学习期间，学校就授予公主什么样的学位进行反复研究，校学术委员会还专门开会讨论。鉴于公主勤奋的学习、渊博的知识和丰富的学术成果，有的倾向于授予公主北大博士学位；但后来大家认为，授予名誉博士学位更为合适，这是我国学位的最高荣誉。于是北大将此事报请国务院学位委员会，得到了批准。

3月13日，北大举行了授予诗琳通公主名誉博士学位仪式。公主用标准的汉语发表了热情洋溢的答谢辞。她说："今天是我终生难忘的一天，获得北京大学名誉博士学位使我感到万分荣幸。北京大学是中国的最高学府，100年以来她一直是中国新思想、新文化、新科学的前沿阵地，在中国历史上发挥了重要作用，培养了大批杰出人才。"

公主还借此介绍了泰国文化，指出泰国有着吸收外来文化的传统，"中国文化早已成为泰国生活的一部分。泰国人没有把中国人当作外国人看待。以前，外国人如西方人、印度人都必须按照规定住在划定的区域内，而中国人却可以与泰国人住在一起。"

公主的演讲引起热烈的掌声，仪式毕，所有参与接待工作的老师、工作人员和校领导与公主合影留念。

王宫里的诗琳通公主

当公主怀着依依不舍的心情离开北大时，我们已成了相当熟悉的好朋友。诗琳通公主从北大研修回国后，邀请北大代表团回访泰国。当年7月，我有幸带领一个代表团访问了泰国，这让我对公主又有了新的了解。

我清楚地记得，公主见到我们像久别的朋友，特别高兴。那天她穿着华美的泰国传统服装，饶有兴致地带我们参观王宫。虽然7月正是泰国最为酷热的时节，且传统服装很显厚重，可公主及随行的泰国官员们一点儿也不觉得热，我发现他们都没有出汗，而我们因不适应这种闷热的天气，加上西服和领带的束缚，在烈日下个个大汗淋漓，真正体会到了什么叫酷热难当。每到一处，公主就兴致勃勃地给我们介绍这是奶奶的房间，这是爸爸的房间，这是……

公主的餐厅非常气派，称得上是金碧辉煌。一面柜子上摆着很多古董，其中许多像是中国的珍贵文物。公主随手拿起一件鼻烟壶问我们："你们猜猜这是什么朝代的？"我们看了半天说："是清朝的吧？"公主很是自豪地说："这是我从潘家园淘回来的。"说完便哈哈大笑了起来，我们颇为惊讶，没想到公主对中国文化爱得如此之深，还有这份闲情雅致，跑到潘家园去淘"宝"去了。

诗琳通公主在萨芭通宫（莲花塘宫）宴请郝平部长（左二）。

晚餐开始了，按照泰国的礼仪，泰国人在公主面前都要跪着，我跟公主开玩笑说："我们就不跪了吧？"公主爽朗地笑着说："中国人，免礼。"于是我们都跟公主一样坐在一起。公主问我们："要不要喝茅台？"既然公主说了，我们便答应下来，说："好啊，没问题。"公主便从柜中取出两瓶茅台酒，说这是中国驻泰国大使送给她的，一直没舍得喝，留到今天招待我们这些客人。

北京外国语大学名誉院长

2005年中泰建交30周年的时候，诗琳通公主回到燕园访问，促进了北京大学诗琳通科技文化交流中心的成立，为中泰科技和文化的交流发挥了重要作用。

2005年6月我从北大调任北京外国语大学校长后，公主也非常重视和支持北外的发展和建设。

2006年，公主通过泰国驻华使馆联系北外，表示她非常关注北外英语学院、高级翻译学院和网络教育学院的发展，希望能够到北外来实地考察，帮助北外培养泰语的高级翻译人才。北外作为全国外语类院校的最高学府，教授43种外国语言。同时，北外也与泰国许多大学有着长期的友好合作。为弘扬诗琳通公主促进中泰文化交流的精神，北外决定筹建中泰语言文化学院，并希望以公主的名字为北外中泰语言文化学院命名，同时请公主出任该学院的名誉院长，公主对此欣然同意。

公主来访北外前一天，也就是2007年4月2日，刚好是她的生日。我代表北外，给公主送上了特殊的礼物：一份是1955年4月2日她出生当天的《人民日报》，还有一幅中国山水画和外研社出版的汉语学习用书。公主非常高兴。

4月3日，诗琳通公主一行来到北外访问，老友相见，分外亲切。公主悄悄地告诉我，她此行是特意来看我这位好朋友的，并说担任名誉院长就是对我这位新任校长的支持。我听了之后非常感动。

当天北外与泰国皇太后大学签订了《合作谅解备忘录》，主要涉及两校共同培养中泰、泰中翻译人才，加强师生互派及部分学分互认等内容。

诗琳通公主亲自为新成立的北外亚非学院和诗琳通语言文化学院题写院名，并为这两个学院揭牌。北外亚非学院是在原亚非语系基础上新建的学院，教授外语语种达17个，涉及亚洲、非洲的六大区域，涵盖包括泰国在内的东盟各国的语言。诗琳通语言文化学院则是北外新成立的、旨在培养泰语高级翻译和研究人才的学术机构。

诗琳通公主为北京外国语大学亚非学院题写院名，左为郝平部长。

在揭牌仪式上，公主用中文感谢北外以自己的名字命名学院。在公主发表的精彩演讲中，她强调教育对积累知识、促进和平与社会进步、加强各国了解及解决各种问题所起的重要作用。她指出，知识的学习和传递离不开语言，语言是交流的工具，研究外语是北外的任务，这一任务有利于促进和加深与其他国家的相互理解。

得知诗琳通公主掌握了中文、英文、法文、拉丁文、梵文、巴利文、古高棉文等多种语言文字时，现场的一位同学问她是如何学习外语的。公主笑着说，自己当初学习外语时并不感兴趣，父母告诉她，要发展自己的国家，就需要得到外国友人的帮助，利用外语与他们交流，会成为无往而不胜的利器。这种情况下，"一个想成为成熟的人的诱惑让我才回过头来学习外语"。

公主还特意引用孔子的话向同学们传授学习语言的经验："正如孔子所说，三人行，必有我师，择其善者而从之，其不善者而改之。孔子告诉我们要学会思考、善于思考、善于学习。"公主享有"中国通公主"的美誉，已经是第24次来到北京。对此，她幽默地说道："我希望能够利用访问中国的机会多多练习中文，这就是我为什么这么多次访问中国的原因。"

我在致辞中说："感谢诗琳通公主对北外的关心和支持。公主在中国学习时孜孜以求的好学精神、严谨认真的治学态度和平易近人的风范给我们留下了深刻的印象。在公主的大力支持和积极推动下，北外正式成立了亚非学院和诗琳通语言文化学院，我们也希望以此为契机，加强对泰国和东盟各国的区域研究，为建设持久和平、共同繁荣的和谐世界做出贡献。"

最后我引用公主续写唐代诗人孟浩然《春晓》的一首诗作为贺词——"友情深如海，前程万里遥。姹紫嫣红日，春园竞多娇。"

这又何尝不是公主对中泰关系的美好祝愿呢！

（作者系中国教育部副部长、联合国教科文组织大会主席）

我眼中的诗琳通公主

许 琳

在中泰两国绚丽多彩的文化交往中，诗琳通公主无疑是一颗最耀眼、璀璨的明星。我与公主因汉语而结缘，至今已整10年。她对中国语言文化的热爱，对中国人民的真挚情谊，深深地感动着我，激励着我。

令人敬佩的"中国通"

诗琳通公主是中国人民的老朋友。自1981年第一次访华起，她就深深爱上了中国和中华文化，开始学习汉语，练习中国书法，阅读中国典籍，研究唐诗宋词。经过坚持不懈的努力，她不仅熟练掌握了汉语，而且对中国人民和中华文化的了解和感情与日俱深，先后撰写、出版《踏访龙的国土》《平沙万里行》等近20部介绍中国和中华文化的书籍画册，成为令中泰两国人民敬佩的"中国通"。

2005年初，我刚到汉办工作，遇到的第一件大事，就是筹备7月在北京召开的"世界汉语大会"。基于公主的"汉语情"，我诚挚地邀请她出席大会，没想到她很快就接受了邀请。至今，我仍清晰记得7月20日晚去机场接她时的场景。贵为一国公主，她是那么平易近人、和蔼可亲，言谈举止令人如沐春风，让我初步见识了这位"中国通"外国领导人高贵而优雅的风采。

大会上，诗琳通公主用汉语发表了热情洋溢的致辞，她那一口标准的普通话惊艳全场。她说："中国是一个历史悠久、文化发达的国家。汉字词汇丰富发达，有很好的表现力，如果用毛笔写出来更是如同一幅美丽的画卷。中国古代的诗歌更是精彩，不仅语言美，而且带有哲理，常读常新，通过它可以陶冶情操，认识社会，穿越千年历史，与古人对话交流。"

公主还说："我走访了中国很多地方，亲眼见到中国创造的古老文明和灿烂文化，以及它对人类发展所作出的巨大贡献。现在世界上学汉语的人越来越多，一个重要原因是中国文化具有独特的魅力。"她指出："学汉语不仅可以增长知识，而且可以广交朋友。伴随人类历史的发展，向世界推广汉语有助于中国语言、文化的传播，加深世界对中国的了解。文化交流促进世界的进步和发展，不同的文化之间可以和平共处，互相影响，相互吸收，共同创造人类和平美好的未来。"

公主标准流利的汉语、丰富渊博的知识，特别是她对中国语言、文化的热爱之情，深深打动了与会的每一位代表，不时赢得满场热烈的掌声。

亲笔题写"传承文明，增进友谊"

2010年4月5日，诗琳通公主访问孔子学院总部/国家汉办时发言。

"世界汉语大会"之后，在诗琳通公主的大力支持下，泰国孔子学院蓬勃发展，汉语教学方兴未艾。2010年4月5日清明节那天，诗琳通公主亲临汉办视察，受到全体员工的热烈欢迎。我陪同公主兴致勃勃地参观了中国文化体验中心，她饶有兴趣地仔细询问每件展品的出处，不时发表精彩高见。我发现，她对中国的历史、城市、功夫、美食、中医、音乐、文物等等，几乎无不通晓，让我们大为叹服！

诗琳通公主在汉办足足逗留了一个多小时。临别前，她现场挥毫泼墨，用毛笔写下"传承文明，增进友谊"的八个大字，以表示对孔子学院寄予深切期望。至今，这刚劲飘逸的大幅作品仍挂在汉办大厅最显眼的位置，时刻激励着我和汉办的员工，也感染着每一位来访的外国朋友。

诗琳通公主为孔子学院总部/国家汉办题词"传承文明，增进友谊"，前排右立者为许琳主任。

泰国汉语教学的"旗帜"

诗琳通公主以自己的个人魅力和身体力行，为泰国众多青年学习汉语树立了光辉的榜样，成为泰国汉语教学的一面旗帜。

在诗琳通公主的热情支持下，汉办与泰国教育部于2006年1月签订了《汉语教学合作框架协议》，启动了泰国汉语教师培养培训、赴泰志愿者两大项目。至今，汉办已资助3500名泰国本汉语教师来华培训，累计向泰国派出了11880多名汉语教师和志愿者。2005年以来，泰国孔子学院如雨后春笋般发展起来，目前已设立了13所孔子学院和18个孔子课堂，累计注册学员达53万人。泰国大、中、小学中学习汉语的学生总计已超过100万人。

诗琳通公主日理万机，但每年都会抽出宝贵时间参加孔子学院的活动，亲自接见中方派出的汉语教师和志愿者。她的两所母校泰国朱拉隆功大学和中国北京大学强强联合，共同开办的朱拉隆功大学孔子学院，一直红红火火。公主亲自为学院揭牌，并用毛笔题写"任重道远"四个大字，殷切勉励孔子学院做好汉语教学和文化交流工作，努力为促进中泰友好发挥桥梁和纽带作用。

2012年6月24日，亚洲和大洋洲孔子学院联席会议在朱拉隆功大学召开，我再一次与公主亲密接触。公主应邀出席了会议开幕式并致辞，以自己的亲身经历，向各国代表展示学好汉语对于增进各国与中国人民彼此了解和友谊，促进文化交流和世界和谐发展的重要作用。更令我终生难忘的是，那天，公主亲自授予我朱拉隆功大学文学荣誉博士学位。这份荣耀不仅属于我个人，更是对孔子学院和中泰语言文化交流的肯定，更是泰国人民对中国人民深厚情谊的体现！

与诗琳通公主相识相交，使我深深体会到为什么泰国人民对她如此崇敬和爱戴。因为她集美丽、善良、聪颖、智慧于一身，又极具领导力和亲和力。中国人民也对诗琳通公主喜爱有加，她对中国的友好情谊，对汉语的情有独钟，以及多年孜孜不倦刻苦学习中国语言、文化的伟大精神，让中国人民深受感动。我始终记得公主对我的一个嘱托，她说希望泰国盲人青年也能有机会接触和学习汉语。心有大爱才能情系人民。我一定不辜负公主的重托。

2012年6月24日,诗琳通公主亲自授予许琳主任(左八)朱拉隆功大学文学荣誉博士学位。

今年是中泰建交四十周年,也是诗琳通公主的六十华诞。我衷心祝愿公主寿比南山、福如东海。衷心祝愿中国与泰国人民之间的友谊永远"一家亲"!

(作者系孔子学院总部总干事、中国国家汉办主任)

大道至简　上善若水
——记泰国红十字会常务副会长诗琳通公主

彭珮云

诗琳通公主是中国人民非常熟悉的一位"中泰友好使者"，在许多领域有着卓越的建树。泰国王室对红十字事业倾力支持，诗丽吉王后亲自担任泰国红十字会会长。诗琳通公主多年来在泰国红十字会任职，积极推动泰国人道事业的发展，汇集泰国民众的善心，在国内扶危济困，为民众做了大量好事、实事。同时，她致力于推动中泰红十字会的友好合作，在重大灾害发生时，两国红十字会保持紧密的信息沟通和相互支持。

我与诗琳通公主有过几次接触，印象最深的一次是在2006年2月。当时，为了纪念中泰建交30周年，中国红十字代表团应邀访问泰国红十字会，并在风光旖旎的曼谷召开中泰红十字研讨会。我作为中国红十字会会长率团访问并出席了研讨会。在研讨会开幕式上，我和身为泰国红十字会常务副会长的诗琳通公主分别代表两国红十字会对红十字人道事业发表了感言。公主殿下对人道事业的理解和追求深深感染了每一位与会者。

在这次访问期间，我们共同回忆了两国红十字会在人道事业中的交流与合作。2004年底印度洋海啸灾难发生后，中国红十字会及时向泰国红十字会捐赠了350万美元用于灾后重建项目。在诗琳通公主的亲自关怀和协调下，泰国红十字会保质保量地完成了一个社区包括40套住房、学校、诊所等设施在内的整体恢复重建工作。近距离的相处，公主和其他王室成员对红十字事业的热情支持以及公主待人的亲切诚恳，作风的平易谦和，给我留下了极为深刻的印象。

2008年，我国四川汶川地震灾害发生后，泰国红十字会立即向我会捐赠

10万美元，并派高层代表来华共商重建项目。诗琳通公主本人也在访华之际，专程来到中国红十字会总会。她在与我的会面中，亲自表达了她本人和泰国人民对我国灾区人民的慰问以及对中国人民的深厚情谊。令人感动和难忘的是，公主在参观中国红十字事业发展史的展览后，欣然提笔，用中文娴熟地写下了"为人民服务"五个端庄秀丽的大字。

2008年8月7日，诗琳通公主访问中国红十字会，与时任会长彭珮云女士（左三）会面并为中国红十字会题写"为人民服务"。

双方的互访，不仅加强了两国红十字会的友好交流与合作，也进一步密切了中泰两国人民一家亲的传统友谊。

中国古语说："大道至简。"我想这句话可以用来形容公主殿下领导的泰国红十字会卓有成效的工作。"上善若水，水善利万物而不争"，则是对公主本人贴切的写照。值此诗琳通公主六十华诞之际，谨以此文表达中国红十字会及我本人对公主的诚挚祝福。同时祝愿泰国红十字会在公主的领导下取得更大的成绩，为泰国乃至世界的人道事业作出更大的贡献。

（作者系中国红十字会第八届会长、第九届全国人大常委会副委员长、原中华全国妇女联合会主席）

中泰姐妹一家亲

顾秀莲

诗琳通公主是泰国普密蓬国王的次女。她崇尚中国文化,特别喜欢阅读中国古典小说、唐诗、宋词和《史记》,在文学、音乐、绘画方面有很深的造诣。她对中文的热爱极大地推动了汉语教学在泰国的普及,她曾出版了近20部访华著作,向泰国人民客观介绍了中华文化。自1981年至今,诗琳通公主的足迹已遍及全中国。我与诗琳通公主相识多年,共同经历了很多,限于篇幅,在此列举两事。

2005年11月,为庆祝中泰建交三十周年,全国妇联与泰国国家妇女院共同主办了"纪念中泰建交三十周年暨中泰妇女文化交流活动"。我作为全国妇联主席,率中国妇女代表团赴泰参加此次活动。

泰方给予我们高规格、高礼遇接待。诗琳通公主出席了"中泰妇女文化之夜"活动,并观看了剪纸、绘画、编织、布艺等中国传统文化展览和中泰历代服装服饰秀及民族歌舞表演。公主高兴地用中文与我交谈,表示泰王室十分重视与中国的友好关系,对中泰妇女文化交流活动予以积极支持,认为泰中妇女共同举办文化交流活动,对推动两国妇女的发展十分重要。她本人特意取消了其他重要日程来出席文化之夜活动。希望今后进一步加强泰中妇女间的文化交流。

我对公主给予中泰妇女文化交流活动的大力支持表示感谢,并表示,"中泰姐妹一家亲"已经成为两国妇女的共同心愿。中泰关系的发展不仅造福于两国人民,而且将促进本地区和全世界的和平与发展。"中泰妇女文化交流"的系列活动，增进了两国人民、妇女间的相互了解和友谊，进一步促进了两国友好关系的发展。当时，泰国主要媒体都对此次活动进行了采访报道，使中泰妇女文化交流活动在泰国上层社会和普通民众中均产生了广泛的影响。

自从我担任中国东盟协会会长之后，与泰国的联系增多，与公主的交流更为加强。2007年4月3日，公主在首都博物馆举办了"两段旅程，同一目标"摄影艺术展。该摄影展是公主殿下首次在国外举办摄影艺术展，展示的200幅图片全部都是公主殿下本人拍摄的，将公主历次访华见闻真实生动地呈现在中国观众面前，同时也为我们回顾二十多年来中国改革开放的历程提供了一个珍贵而独特的视角，让我很受感动。

2009年，在中国人民对外友好协会与中国国际广播电台、中国国家外国专家局联合主办的"中国缘·十大国际友人"评选活动中，公主殿下被中国网民评选为"十大国际友人"之一，亲自来京出席颁奖典礼。在京期间，时任中共中央政治局常委、全国政协主席贾庆林会见诗琳通等十大友人，并为其颁发纪念奖章。我也参加了会见，为诗琳通公主获得中国人民的认可而感到高兴！

诗琳通公主与顾秀莲会长合影。

2005年4月,我在人民大会堂会见了来访的泰国公主诗琳通,向诗琳通公主五十华诞表示祝贺。值此公主六十华诞即将到来之际,特以此文向公主致以衷心的祝福!

(作者系中国东盟协会会长、第十届全国人大常委会副委员长、原中华全国妇女联合会主席)

我与中泰友好的使者

王 蒙

自从中泰两国建交以来，诗琳通公主殿下多次来到中国进行友好访问，并且花工夫学习中文，持之以恒，数十年不断。多年来，她用她的笔介绍了中国的情况，写出了《踏访龙的国土》《平沙万里行》《雾里霜挂》《云南白云下》《清清长江水》《归还中华领土》等作品。她了解中国，亲近中国，对中国抱着一颗友善之心。她的作品往往图文并茂，生动亲切，容易为人接受。与此同时，她还翻译了铁凝、王安忆、池莉、迟子建等中国作家的作品。最早翻译的当代中国作品则是我的《蝴蝶》。2000年，中国教育部授予她"中国语言文化友谊奖"。中国作家协会中华文学基金会将第三届"理解与友谊国际文学奖"授予她，后来还被评为"十大国际友人"之一。可以说，诗琳通公主是中国人民真真正正的全天候老朋友。

我与诗琳通公主第一次见面是1987年2月，我率领中国政府文化代表团访问泰国时，有幸在清迈行宫拜会了诗琳通公主殿下，本来计划的会见时间是15分钟，可我两次告辞都被公主殿下挽留，我们谈了近一个小时。她说，除了两国的文化交流的话题，她还有兴趣谈论文学与我的写作生活。她问我，当了部长之后还怎么写作，这让我看到了一位爱好中国文学的公主。我将英语版的《蝴蝶》敬赠给殿下。她又找来了中文原文，用三年以上的时间，完成了全书的翻译，并写下了深沉剀切的泰文版序言。2003年在中国海洋大学举行王蒙文学创作国际学术研讨会，殿下同意以此序言作为公主的书面发言。

后来她多次来中国，我也有幸参加了一些与她有关的活动，其中包括她的童话作品中文版的发行与给她授奖。最让我感到荣幸的是，近十多年来，她四次造访我的住家，两次在公寓，两次在北京郊区的别墅。她的平易、朴素、亲和都给我留下了深刻的印象。2008年，她到北京参加奥运会活动期间，抽空到我的别墅里来，还给我题写了"好朋友"的书法条幅。当时她写错了，她很认真地又重新写了一份。后来她再次到我家里来的时候，又给我题过一次字，还亲自盖上了她的中文名章。

诗琳通公主和王蒙先生站在题字"好朋友"前交谈。

2009年，她安排朱拉隆功大学孔子学院邀请我访问泰国，并在孔子学院讲中国的当代文学。我去泰国那天正好是我受聘中央文史研究馆馆员，上午参加聘任仪式，下午就飞到了泰国。在泰国期间，她专门在宫中宴请我与妻子，还有正在泰国旅游的女儿、女婿与外孙。我得以见到，公主的生活高贵而又简朴，安详而且纯净。那天中午饭后，因为离讲课还有一段时间，为了不让我劳累，特邀请我在宫中客室小憩，据说这是从没有过的待遇。当天讲课时，她亲往课堂听课，让我深受感动。

特别是2012年，我妻子崔瑞芳因病去世，殿下吩咐泰国驻华大使馆以公主的名义送来了泰国式花圈，并委派大使阁下出席了送别仪式。一个星期之后，她就来到了我家，给予我很大的安慰。她的礼数、她的教养、她的周到都得到了充分的体现。

2012年4月3日，诗琳通公主在王蒙先生夫人崔瑞芳去世后到访，给了王蒙先生很大的安慰。

每次来，她与我谈得最多的就是文学。2012年她来的时候，谈到了她正在翻译王安忆的作品，后来又听说翻译了池莉的作品，并特意要求去一趟武汉，目的是吃上一碗池莉描写的热干面。据说开始中方接待人员有难色，怕是保卫工作有困难，后来想了办法，殿下终于心想事成。令人印象深刻的还有，每次与我交流，尽管旁边就有翻译，另外她的英语也极好，她都会坚持说汉语，让我感觉到她对中国的热爱与尊重。

2013年中央电视台组织评选"传播中华文化年度人物"，我是评委之一，我毫不犹豫地投了她的票，她为中国文化在泰国的传播作出了长期不懈的努力。

诗琳通公主将自己翻译的中文小说《她的城》赠送给王蒙先生。

喜悉今年是公主殿下六十寿辰，谨以此表示她对中国人民与中华文化，以及对我个人的友谊与善意的感谢。

（作者系原中国文化部部长、中国作家协会名誉主席、著名作家）

公主来访

铁　凝

　　2014年4月11日，我在中国现代文学馆迎接来访的泰王国公主诗琳通。大约一年前，公主通过她的中文老师和我联系，说她很喜欢我的中篇小说《永远有多远》，想把它译成泰文，希望征得我的同意。

　　很多中国人都了解诗琳通公主对中国的特殊感情，以及她尤其喜爱中国文化。公主不仅是学养深厚、视域开阔的学者，而且是诗人、作家、翻译家。古典诗词她翻译过唐宋诗词选《漱玉集》。上世纪八十年代以来，她翻译过巴金、王蒙、王安忆、方方、池莉等中国当代作家的小说。她还是一位慈善家。2008年汶川发生特大地震，公主不仅慷慨捐款，还几次深入灾区悼念遇难者，为遭到毁坏的小学的重修工程不惧长途跋涉。公主的义举感动着灾区百姓，赢得了中国民众的尊敬。公主在不满二十岁时写下的一首诗《跟随父亲的脚步》，曾留给我深刻印象。诗中有这样的句子：

　　……
　　在任何人面前都不要气馁，
　　要用智慧和毅力面对痛苦，
　　为有如此可贵的信念而感到幸福。

　　我从诗中感受到公主深沉的情感、非凡的情怀和坚韧的毅力，想到"公主"这个尊贵的词对于诗琳通而言，绝非骄奢和享乐，却是与生俱来的一种责任和承担。这种责任和承担在她尚是一名天真少女时，就已经自觉地心领神会。和公主见面时，我向她提及这首诗，公主告诉我，那是她用法文写成的，当时正在学习法文。

下午两点三十分，诗琳通公主在泰国驻华大使夫妇等三十余人陪同下来到现代文学馆，我和同事们在公主的座驾前迎接。公主简洁的短发，一身浅灰西式裙装，如同我们在公主那些中国之行的照片里看到的那样，颈上习惯性地挎着照相机，手中习惯性地捧着一个大32开粉花图案笔记本。公主不染发，不施粉黛，面庞红润，目光澄澈，神态亲切，步入大厅未及走进会客室，就告诉我，《永远有多远》已经完成翻译并在泰国出版，这次她亲自把泰文版单行本带给我了。这让我意外而又喜悦，更深深感动于公主一番诚挚的心意。我向公主表达了感谢之情，公主说："读了你的《永远有多远》，我在泰国修了一条北京胡同，我还要让泰国人尝尝北京小肚（《永远有多远》中写到的北京美食）。"接着公主问我："现在的北京人是不是还吃小肚。"我说："今天的北京人还能吃到小肚，但是已经找不到我在少年时享受的那种真正的小肚味儿了。"

宾主落座后，我先向公主殿下一行表示欢迎，谈到公主在中泰建交近40年间访问中国36次，出版10部关于中国的游记，为中泰友谊和科技文化交流作出了卓越的无可替代的贡献。我还向公主介绍了中国现代文学馆和鲁迅文学院。我引用公主的话说："通过文学作品来了解一个国家最普通的人的生活和情感，胜过只读历史书籍。"

诗琳通公主用心听着我的介绍，对我引用的她的话表示赞同。然后她把泰文版《永远有多远》郑重赠与我。这是经过精心设计的一本小书，书前有公主作序，书后特别附上我的简历和北京胡同、四合院、北京小吃的图片若干，增加了小说的考证感和书的趣味性。应我邀请，公主在书的扉页上签名。

一本可以触摸的小书，在这样的传递中仿佛有了呼吸和温度，骤然拉近了作者和译者的感情。公主起身，又从她的中文老师手中拿过厚厚一沓A4规格中文大号字《永远有多远》打印稿，翻到做了标记的一页，说要向我请教其中她不明白的问题。比如对西单小六的形容："她身上散发着新鲜锯末的暖洋洋的清甜"。公主手捧打印稿，站在会客厅中央，指给我这句话。我来到公主身

诗琳通公主赠予铁凝女士由她翻译并在泰国出版的铁凝小说《永远有多远》。

边,端详着我写下的这个句子,等待公主的提问。只听公主直率地问我:"为什么要说一个美丽的女孩子身上有锯末味儿呢?"公主认为锯末味儿是不好闻的。我说:"我在乡村看农民做木工,他们用刨子刨木头,刚刚刨下来的新鲜刨花和锯末喷出一股活生生的清甜味儿,弥漫了整个院子,给我留下难忘的印象。我喜欢那种香味儿,后来就把它放在我喜欢的女孩子身上了。"

公主笑着点头,她理解了我感受到的锯末香味儿,并告诉我,她喜欢西单小六这个人物。我说我也喜欢这个美女。公主说:"这个女孩子是吃窝窝头长大的,穷,但是美。"我解释了窝窝头从前是穷人的食物,现在成了中国人饭桌上最有营养的主食之一。我们从窝窝头又提到小说中一个"吃软饭"的男性郭宏,公主说她不喜欢郭宏这个人,我表达了相同的看法。

因为公主回国的航班是下午五点,随行人员不得不提醒兴致正浓的公主,不然我们的文学对谈可能还要热烈地进行下去。我请一直站着的公主落座,公主在讨论文学时的忘我和纯朴,深深打动了我。我说:"当谈到文学,我们就觉得时间过得太快,仿佛还没有开始,就要结束了。"显然,公主对文学还有

诗琳通公主与铁凝女士讨论《永远有多远》翻译过程中的疑问。

很多话要说呢。公主拿起笔记本说:"是啊,本来还有几个问题要问。"我说:"相信通过公主您的访问,中泰两国的文学交流会更深入,我特别期待两国的青年作家有更多交流。"公主告诉我,泰国的青年网络作家有很多读者,我说中国也是这样。两国的网络作家若能有机会交流,也是一件好事。

离开会客厅之前,诗琳通公主向在场的中方主人赠送礼物。礼物由泰方一位女性随员跪行至公主脚前双手擎上,公主接过再赠给我们。这严谨、端庄的礼仪将刚才的文学气氛瞬间拉回到王室。我向公主回赠了礼物:湖笔和韩美林先生设计的一把紫砂壶。公主欣赏着紫砂壶上的鱼图案,对身边她的中文老师说:"这就是你啊,鱼——俞!"中文老师姓俞。在场的人都笑起来,被公主的风趣所感染。

离开文学馆,我陪诗琳通公主参观同在一地的鲁迅文学院。其时"鲁22期"学员正在上古典诗词课,讲课的先生是北大教授。学员起立欢迎公主,不停拍照。公主应邀用中文即兴讲话,她说:"我学习过中国的古诗,唐诗宋词也翻译过一些。我尊敬你们。"学员们为公主的话鼓掌,教授将一枚鲁迅文学院徽章赠给公主。

诗琳通公主在鲁迅文学院与学员亲切交流。

我知道公主曾在北大学习中文,并研习中国书法多年,便邀请公主为现代文学馆和鲁迅文学院题词。公主欣然答应,对我说,她本想为文学馆题"永远有多远",但是字太多了,题"笔墨春秋"吧,也有永远有多远之意。公主为

诗琳通公主为中国现代文学馆题词"笔墨春秋"。

鲁迅文学院的题词是"文学梦"。题完加盖印章，随员递上硕大的印泥盒。

告辞的时间到了，但公主似不想离去，站在台阶上提到鲁迅先生。她说读过鲁迅先生在日本留学时和老师的一些争论，回国前那位老师还送他一帧照片。后来鲁迅有一篇著名的关于那位老师的文章，公主也读过，那位老师的名字，公主一时想不起来了。我告诉公主："应该是藤野先生。""对，藤野先生。"公主说。

这是一个多云的下午，气温也略低于往常。身后大厅内的"穿堂风"使公主咳嗽起来，随员立刻递上药片，并打开随身携带的一个小水瓶请公主服药。这个公主专用的水瓶用彩色棉线编织的瓶套套着，让人体味到一种温馨的家常气。而这时的诗琳通公主，更像一位旅行中的女大学生。

再过两天是四月十三日，泰国的宋干节就开始了。这是重要而热烈的节日，是大地回春、万物复苏的时节。我祝公主一路平安，节日吉祥。公主告诉我，这也是回家看望父母的日子，到时她也要回家看望父母。

诗琳通公主的车队离开后，我又想起她在少女时代写出的诗句：

　　在任何人面前都不要气馁，
　　要用智慧和毅力面对痛苦，
　　为有如此可贵的信念而感到幸福。

诗琳通这位东方公主，睿智，博学，诚朴，谦逊。作为国王秘书，她勤于国事，关心民瘼，情感热烈而又理性克制。尽管拥有与生俱来的荣耀，但以我短暂的接触，更多感受到的是公主面对文学艺术时的欢快性情，是公主的勤勉和辛苦。那是一种仁慈的辛苦，伴随命中注定的深沉奉献。

今年4月2日是诗琳通公主的六十华诞，写下上述文字，表达我的真挚祝福，并纪念我和公主在去年春天美好的会面。

　　　　　　　　　　　　（作者系中国作家协会主席、著名作家）

"中泰一家亲"最杰出的践行者

李小林

在诗琳通公主六十华诞之际，我谨以个人名义并代表中国人民对外友好协会，向公主殿下致以热烈的祝贺与诚挚的问候。

诗琳通公主在中国家喻户晓，她深厚的中国情缘以及为中泰友谊作出的杰出贡献一向为中国人民所称颂。公主至今已访华37次，足迹遍布中国大江南北，是"中泰一家亲"最杰出的践行者。2004年，我会很荣幸地授予她"人民友好使者"称号。2009年，她被中国网民评选为中国人最喜爱的"十大国际友人"之一。

诗琳通公主译作《她的城》首发仪式上，公主向李小林会长（右一）介绍译著。

令我最为感动的是，诗琳通公主几十年如一日，坚持学习中文、研究中国文化，把自己在中国的感受编纂成书，并将多位中国知名作家的作品译成泰文，在泰国一次次掀起学习中文的热潮。2013年3月，承蒙公主殿下盛情邀请，我来到美丽的泰国，出席公主译作《她的城》首发仪式。公主亲自陪同包括我在内的中外来宾参观展览，并用中文介绍自己的心得体会，使我充分感受到她对中国文学的喜爱。

《她的城》这部小说是湖北作家池莉的作品。诗琳通公主对书中提及的湖北美食很感兴趣，并提议在首发仪式同日举办湖北美食节。作为一名湖北人，我对此倍感亲切。《她的城》首发仪式结束后，公主亲自为湖北美食节剪彩，参观湖北特色文化展，并用中文题词"灵秀湖北"。随后，她与两国来宾一同品尝湖北美食，席间还对每道菜一一拍照和品尝，赞不绝口，并饶有兴致地观看了湖北传统汉剧表演。在此，我要特别感谢公主殿下对我的故乡湖北的偏爱。

诗琳通公主为湖北美食节题词"灵秀湖北"。

诗琳通公主不仅是中国人民的老朋友，也与我父辈有缘。1985年，我的父亲李先念作为国家主席访问泰国期间,诗琳通公主将自己写的诗歌作为礼品赠送给他。随后,公主的诗画选《小草的歌》在中国出版,受到小朋友们的喜爱。我的母亲林佳楣还专门撰文《愿小草绿满大地》予以推荐。

中国人民对外友好协会致力于促进中国人民和世界人民之间的了解与友谊,诗琳通公主的一言一行都鼓舞着我们继续为中泰两国的世代友好乃至世界的和平与繁荣而不懈努力。

诗琳通公主与李小林会长合影。

在诗琳通公主六十华诞的喜庆时刻,恭祝公主殿下健康长寿,愿中泰两国国泰民安,友谊万古长青!

(作者系中国人民对外友好协会会长)

挚爱同怀中泰亲

陈昊苏

  2015年4月2日是泰王国公主诗琳通殿下六十华诞，作为她的中国友人，我们与她一道感受和平日进、友谊长新的快乐。诗琳通公主殿下是泰国王家风范的杰出代表。她致力于泰中友好事业，对中国悠久的历史文化表现出真诚的敬意，三十四年间先后访华37次，成为中国发展进步的见证人。她曾在北京大学读书，孜孜不倦地学习汉语，是中国文化的知音，曾写过近20部访华著作，向泰国人民介绍中国的历史与现状，为两国人民相互了解开展友谊合作做出重大贡献。2004年春对外友协授诗琳通公主殿下以人民友好使者称号。2005年4月她回到北京大学，与母校师生一起度过自己的五十岁生日。我荣幸地参加了上述两次充满友谊激情的盛会。现在又是十年时光过去，诗琳通公主殿下还在为泰中友谊的巩固发展贡献宝贵的精力，使我感到衷心赞佩。特赋诗一首，为公主殿下六十华诞志庆。

      南方佛国泰王尊，仁寿高端利万民。
      公主庄严行与止，风神雅致胜天人。
      畅游禹域山河壮，漫话华邦世纪新。
      知命乐真缘择友，深思好学重弘文。
      长城绝塞三春雨，北大名园九夏云。
      挚爱同怀诗意永，增光中泰一家亲。

2004年2月,时任中国对外友协会长陈昊苏向诗琳通公主颁发"人民友好使者"奖章。

(作者系中国人民对外友好协会前会长)

陪访札记

傅学章

从2001年到2012年，我曾5次带领由外交部亚洲司、礼宾司、新闻司和公安部八局联合组成的接待小组，全程陪同泰国公主诗琳通殿下在中国的访问。仅这5次就到访过16个省、市、自治区的40多个大中小城市，共参观了160多个项目和景点。

下面我所写的这几则札记，仅仅是这些繁忙而丰富的访问活动中的一些局部情节而已，权当为了不能忘却的纪念。

一、西藏学佛之旅

阳光明媚正仲夏，
脊顶飞行到拉萨。
布达拉宫映佛光，
大昭寺街见繁华。
消业除障挂经幡，
守净悟真披袈裟。
南北律戒虽有别，
贝叶经论是一家。

2001年8月13日至27日，诗琳通公主第14次访华时，我们接待组一行8人，提前一天赶赴昆明，从那里开始了同公主一起的两周旅程。

为了使公主逐步适应高原气候，日期和行程是根据海拔高度的差异而精心设定的。我们的路线是：昆明—重庆—银川—西宁—拉萨—日喀则，一处比一处高。然后飞赴北京，再访承德。

　　公主在西藏想看的地方很多，因时间有限，只选择了一些重要的项目和参观点。在拉萨，参观了布达拉宫、大昭寺、哲蚌寺和罗布林卡。在日喀则的扎什伦布寺，拜谒了十世班禅的肉身灵位。在乃东县的泽当，访问了著名的昌珠寺，听到了汉藏文化交融，民族和谐相处的历史佳话，看到了西藏最古老的建筑雍布拉康殿堂和珍藏在那里的文成公主遗物。

2001年8月，诗琳通公主在上布达拉宫时，傅学章大使给公主拍的玉照。

　　公主总是随身带着她的"老三件"，即：笔记本、照相机和大书包。一边参观，一边记录，还不时地询问一些人名、地名和佛学术语的藏语含义。当听到一些类似梵语的词汇时，她就当即同随行的学者探讨出相应的泰语来，以求得到准确的理解。

　　面对来自泰国的如此好学的佛教徒，各地接待他们的态度特别热情，介绍情况也特别详尽。有一次参观寺院藏经阁时，当贵宾们正在揣摩讲解员说的

"萨斯达拉"一词到底是什么含义时,住持喇嘛觉得需要给公主展示一下实物,于是就破例当场打开珍藏了上千年的贝叶经册,请公主近距离观看,使公主十分感动。事后这位住持喇嘛说:"公主敬佛这么虔诚,学习这么认真,不给她看,还要给谁看哪!"

公主还参观了拉萨附近农村的一所学校。在听取了校长的详细介绍后,公主又到教室和操场上同学生们接触交谈,询问学生们的学习和生活情况。公主对她所看到的教育状况和儿童们的校园生活表示赞赏和高兴,并当即决定要为当地的儿童捐赠奖学金,以表示她对西藏教育事业的关心和支持。

二、元上都遗址

天高地阔草青青,

亲临踏勘觅遗风。

上都曾令世惊绝,

马可波罗已见证。

远近一百零八庙,

赫赫元史共留名。

莫叹辉煌今不在,

穿越大都又新城。

2003年8月16日,我陪同诗琳通公主去内蒙古自治区访问。第一站就是锡林郭勒盟正蓝旗,参观元上都遗址。讲解员是一位元史学者。他说,这里蒙语地名叫"召奈曼舒漠",意思就是108庙,是地灵人杰的圣地。而今所有的庙宇、城池建筑早已荡然无存,只是一片荒原。举目四望,从那些凹凸不平的草岗、土丘和沟壑上面,隐隐约约能看出古城的遗址来。虽然没有路,公主执意沿着那些隐约可见的墙基,左拐右转,走来走去,似乎要丈量出怎样的长度和宽度,想象出这座古城往昔的宏伟风貌。

2003年8月，诗琳通公主访问内蒙古时与傅学章大使合影。

忽必烈时代正是蒙古铁骑驰骋天下的时代。他所建造的城市，也是适应战争需要的营盘。东、西、南、北、中，前、后、左、右、空，都建造了结构不同的城墙和瞭望设施，进可攻，退可守。在整个城区，有五种不同结构的城府。在建筑学方面有许多奇思妙想和独创，很有研究价值。

相对于大都北京而言，把它称为上都。它曾经是一座宏伟的都城，是政治、军事、经济和文化中心。意大利人马可·波罗在他的书中描述过它的繁荣和昌盛，一度被西方读者称之为"东方神话"！

元上都从1259年建成算起，到1358年农民起义时被战火烧毁，整整一百年。13世纪中叶，是中国元朝的初期，也是泰国建国的初期。在有关泰国历史的书籍中，有不少提及蒙古族和元世祖忽必烈的内容。诗琳通公主此次不辞辛苦的考察，足见她渴求历史知识的愿望和极其认真的钻研精神。而真正弄懂了这段历史，对于了解泰国建国初期所处的国际环境和泰中两国早期的相互关系，都是大有裨益的。

三、湖南纪事

敬仰伟人访韶山，

重逢袁院在稻田。

湘雅医研属先进，

古村水利也超前。

秀峰成阵张家界，

水廊连影洞庭边。

岳阳楼记传千古，

凤凰轶事话百年。

2004年2月25日至3月12日，是诗琳通第18次访华。她先在北京参观航天指挥控制中心、中关村科技园、奥运组委会和紫檀博物馆，接着去宜昌参观三峡工程，然后于2月29日经重庆飞抵长沙，开始对湖南进行为期一周的访问。

公主在湖南除了游览张家界、洞庭湖等著名景区之外，访问考察重点主要集中在三个方面，即：

2004年3月7日，诗琳通公主在湖南第一师范学院参观时，边走边听边记录。

1、以走访韶山和湖南第一师范学院为重点,了解中国革命传统和革命领袖的家庭及青少年时期成长的情况。"一代伟人",这就是公主在毛泽东旧居的留言。

2、通过参观袁隆平院士的杂交水稻研究中心、试验田和湘雅医院夏家辉院士的遗传学国家重点实验室、卢光秀教授的人类生殖工程研究中心,追踪中国在农业科技和医学科学领域的先进水平。

3、利用对岳阳楼、凤凰古城和张谷英村古代民用水利系统的参观游览,领会湖南底蕴深厚的历史文化和多姿多彩的优雅民风。

"全神贯注",用这个词语来形容诗琳通公主对待参观访问的态度,是恰如其分的。由于她一向谦逊好学,对访问当中的一切事物都抱住极大的兴趣,去听讲,去观察,力求彻底明白眼前的所见所闻和于此相关联的历史故事。

2004年,诗琳通公主第18次访华(走遍全国)结束时,傅学章大使写的一首小诗。

在参观长沙第一师范老教室时，公主兴冲冲地走到毛泽东当年的座位上坐了一坐，好像也要穿越历史，体味一下90年前青年毛泽东的学生生活。

在山清水秀的凤凰老城，沈从文和熊希龄旧居，都是历史文化气息十分浓郁的地方。参观结束之后，原本准备要安排到别处去休息，但是公主为了节省时间，选择了沈从文旧居的客厅，就地品茗闲叙，领略一下大文人书香门第的风水和灵气。

随和，自然，平易近人。这就是公主的风格。

四、长白山踏雪

积雪十米厚，坑道五里长。
弯弯冰凌路，嘎嘎脚步响。
哈气吐白雾，顿时眉上霜。
踏雪成新趣，互拍酷影忙。
谷下美人松，原上连理杨。
冰封天池水，风扫浮石岗。
天地远悠悠，山河莽苍苍。
龙地兴女真，两度大辉煌。

2008年4月2日至9日，这是诗琳通公主在中国最繁忙、最紧张的一次访问。时间短，地方多，参观项目很丰富。仅4月3日一天，就访问了北京大学、中科院、社科院、国家大剧院和王府井大街，共参加了14场活动。4日访问青岛，5日大连，6日哈尔滨，7日从哈尔滨乘车经长春直到白山市，历时11个小时。

4月8日一早我们就从蓝景戴斯酒店出发上长白山，乘车约半小时，因为积雪太厚，改为步行。好在长白山管委会动员大量人力，提前从这里的积雪上开挖了一条大约五里长的坑道，直通到山顶。这条冰雪坑道，浅的地方一两米，深的四五米，积雪更深的地方十来米，只好挖成了隧道。

刚刚进入坑道时,有几位摄影记者走在前面,没有多久,他们就气喘吁吁地走不动了,这时公主的步伐并没有放慢,很快超过了他们,而且率先到达山顶。当大家为公主叫好的时候,只见她迅速转过身来,一边拿起相机给后面还在山坡上驻足小歇的人们拍照,一边还示意大家赶快到天池旁边,欣赏这种难得一见的高山雪景:山下面,在白雪皑皑的山坡上,一群来自热带泰国、身着五颜六色冬装的"登山者",队形蜿蜒曲折,正在缓缓地向山顶走来。山顶上,方圆10余平方公里的天池,仍然被冰雪严严地覆盖着,湖面和沿岸浑然一体,在群峰环绕和蓝天衬托之下,显得更加神秘和壮观。

虽然山风飕飕,寒气逼人,但公主一直是精神抖擞,兴致勃勃,认真地听取讲解,不停地记录着关于长白山女真族早期的历史故事。公主还来回走动,四处眺望,一会儿举起相机,抓拍别具一格的风景,一会儿俯身捡起一些白浮石块,收藏起来。看得出,公主是要把这里的所见所闻,都充实到她自己的知识宝库里去。

2008年4月,诗琳通公主在长白山和傅学章大使合影。

在下山返程的路上，我们还游览了锦江大峡谷。最吸引眼球的是美人松树和连理杨树。大家都忙着在这些象征着人间美好事物的自然景物前面照相留念。别人给公主照相，公主也同别人合影。真是景色宜人，人爱景色，沐浴自然，乐在其中。

无论是在山下观林海，还是在山上踏雪原，当地陪同的同志一路上都看到了诗琳通公主同随行的人们，相处得如此自然，如此融洽，于是便很有感慨地说："长白山自然美景常在，但此种人情美景不常有。难得，难得！"

诗琳通公主同傅学章大使（右四）和夫人（左四）及参赞武官合影留念。

（作者1997年—2001年任中华人民共和国驻泰王国大使）

回忆与诗琳通公主交往的
三个小故事

晏廷爱

我认识诗琳通公主殿下将近二十多年,特别是在任大使期间,一些高层往来和事务需要与公主通报协调,因而有了更多接触公主的机会,彼此可以更深入地沟通和交流。公主是给我留下印象最深也最感动的一位外国领导人。

今年恰逢公主六十华诞,我谨以回忆与公主交往的三个小故事,向公主致以衷心的祝愿。

之一:公主邀我观看她的乐队排练

2001年我上任不久,在一次觐见公主商谈有关事务后,我们边喝茶边闲语。我说:"凭我的观察,公主殿下每天的日程都排得满满的,要经常代表国王陛下出席一些很重要的仪式和国家的活动,还要处理泰国红十字会的日常事务,每周还要到军官学校授课。很多朋友都担心公主的健康了!"公主笑笑说:"除了你说的那些事外,我还有两项固定安排。一个是每周六上午研修中文。只要在曼谷,学习中文就不中断。另一个是每星期日上午排练泰国乐器合奏。"我感叹说:"公主确实太忙了!"公主接着说:"我邀请你选一个星期日上午去看看我们的排练吧。"接着公主又补充说:"也欢迎你去军官学校给我的学生做一次中国与东盟关系的演讲,你最好用泰文讲啊!"我感到这是公主对我的信任和友情,两个邀请都非常痛快地答应了,并向公主表示了真诚的谢意。公主还不忘提醒我说:"排练的地点在王家田附近的国家大剧院演出大厅啊!"我深深感到公主待人的细微之处了。

不久后的一个星期日的上午，我如约前往国家大剧院，进入演出大厅，看到公主和乐队已经登上了舞台，大家身着普通泰式民族服装，盘腿而坐，聚精会神地演奏着泰国古典乐曲。公主负责演奏的乐器是泰式木琴。台下坐着数十位观众，无需买票，自由进出。排练的曲子好像是固定的，重复演奏了好几遍。我不懂音乐，但我感觉演奏很熟练，配合得十分默契，非得经过很长时间的排练才能达到这样的演奏水平。临近中午时刻，公主的排练告一段落，我上台向公主敬送了花篮，既祝贺排练圆满，同时也感谢公主的邀请。

　　看完回来的路上，我感觉对公主的认识又深了一步。她既是一位生活非常严谨的人，又是一位非常热爱生活的人。她平易近人、朴实无华的品格，让泰国普通百姓从心里爱戴她。

　　随后我到军官学校做了一次演讲，题目也是公主定下的"中国与东盟关系"，我不能辜负公主的盛情。

之二：公主的一颗仁慈之心

　　2007年4月，我陪公主一行访问青海、西藏、湖北、浙江和上海。在拉萨期间曾经参观了一所藏族中学。参观完校园后，校长引领我们来到教学楼中的一间会议室，里面有六七位藏族同学（其中有两位女同学）已等候在那里，他们一见公主进来，整齐地起身向公主行礼致敬。经校长介绍，我才知道这几个藏族学生是公主资助的贫困生，公主想与他们见面并听取学习汇报。同学们逐一向公主汇报自己的学习情况，都对公主的资助表示了感激，他们共同的一句话是："没有公主的资助，我们就上不了学了，全家都感激公主，永远不忘公主的恩情。"从孩子们稚嫩的脸上和单纯的眼神看得出，他们从心里感恩公主。公主听完他们的汇报后亲切地说："听了你们的汇报，我很高兴，希望你们继续努力！"公主还给同学们分发了纪念品。我在旁观看，顿觉公主既像他们的老师，更像这些孩子的至亲长辈，目光和眼中透出对这些孩子的深切关怀和期待。事后,公主告诉我,几年前从网上得知这些孩子的情况,克服许多困难才落实了资助他们上学的计划,这是第一次相互见面。公主说,能够资助这几位藏族孩子上学,心里很欣慰。公主的一颗仁慈之心,让我深深感动了。

我曾先后五次陪同公主对中国一些省市的访问,亲身见证公主对中国几个贫困地区小学捐资的实例。2005年4月,公主在新疆和田地区为一所维吾尔族农村小学捐款10万元。2006年4月,公主在广西那坡县壮族自治区一所贫困小学捐资10万元。2008年四川大地震,公主向灾区慷慨捐赠巨资1000万元。最近,公主通过我驻泰使馆向云南昭通地震灾区捐资20万元。这些义举表现了公主大爱天下的仁慈之心。让我们记住她!学习她!

2004年4月晏廷爱大使(右二)为诗琳通公主走遍中国举行庆祝晚宴。

之三:我求公主的第一张合影照

多年来,我有很多与公主工作交往的合影,这些合影要么是在场记者帮助拍的,要么是同事们现场抓拍的,有的则是公主的摄影师拍的。这些照片都很珍贵，记录着我与公主交往的那些历史瞬间。然而我却没有一张与公主的单独合影。心想离开泰国后可能再也没有单独与公主合影的机会了。凡事不能强求，顺其自然吧。

2006年4月诗琳通公主与晏廷爱大使于舟山群岛合影。

2006年4月，我陪公主一行访问浙江等省市。事也凑巧，公主一行访问到浙江舟山群岛，头天参观了佛教圣地普陀寺，下榻在舟山群岛上的舟山宾馆，靠山临海，风景非常优美，仲春时节，气候宜人。第二天清晨，我想带着照相机外出拍几张海岛风景留念，以后再旧地重游的机会不多。刚走到海边，迎面走来了公主一行。我急忙上前向公主打招呼问好，我试探着说："公主，今天我运气很好，大早上就见到了公主。公主能否单独与我拍张合影留念？"公主愉快地答应了。一同陪公主散步的巴朴（马克仁）教授，也是我熟悉的老朋友，他自告奋勇担任摄影师，为我拍了第一张与公主的单独合影。我的愿望实现了。这张照片特别珍贵，它记录着一段故事。

（作者2001年—2004年任中华人民共和国驻泰王国大使）

中泰情深　不解之缘
——写在诗琳通公主六十寿辰之际

管　木

值此玛哈扎克里·诗琳通公主殿下六十寿辰的喜庆时刻，谨致以热烈祝贺和美好祝愿。

我与公主殿下结识多年，在长期交往中，公主给我留下了近乎完美的形象。她地位高贵而不奢华，天资聪慧而不恃傲，知识广博而学无止境。我尤感钦佩的是，公主殿下几十年如一日，为促进中泰友好竭力倾心，作出了重大而突出的贡献。自1981年以来，公主殿下访华已达37次，而对我影响最大，也是记忆最深的是其中的三次。在这里，我将自己一些记忆写出来，与大家共同分享。

一、踏访龙的国土

1981年，正值中国刚刚拉开改革开放大幕，也是中泰建交初期阶段。由于大家都知道的原因，在1975年中泰正式建交之前的几十年时间里，两国关系经历了一段不正常的时期。在两国建交初期，大力促进双方相互了解，增进传统友谊，愈显重要。中泰建交后，泰国几位政府总理都对中国进行了访问，而作为泰国王室重要成员的诗琳通公主访问中国还属首次，也是近代中泰关系历史上的第一次。在当时国际地区形势大背景和泰国本国国情之下，公主殿下访华之举并非没有遇到杂音甚至来自内外的阻力。尽管如此，在国王和王后两陛下的支持下，公主殿下下定了访华决心，并于1981年5月12日踏上了"龙的国土"，这充分展现了公主殿下的远见卓识，也完全符合泰国各界和广大民众对中泰友好的期待。自这次访华后,公主殿下即与中国结下了"不解之缘"。

访华期间,公主殿下会见了当时中国最高领导人邓小平和其他几位重要领导人,双方谈话气氛亲切友好,谈到中泰友好交往的上千年历史,充分评价两国人民亲如一家的情谊。正如邓小平所讲:"我们两国之间没有纷争,只存在友谊。"这句话直至今日仍为中泰人士津津乐道并在评价中泰关系时加以引用。公主殿下表示,泰中两国关系密切友好,因为我们都是东方人,有着许多共同的传统和感知。

公主此次访华,除了首都北京,还访问了西安、成都、昆明。在最后一站昆明,殿下在云南省领导举行的宴会上发表致词,并赋诗一首,用中文吟诵:自古泰中是近邻,两国人民友谊情。今后来往更频繁,传统关系更昌明。

访华回国后,公主殿下编著出版了《踏访龙的国土》一书。在书的结尾,公主特别指出,这本书记述了她访华期间的"亲眼所见和亲耳所闻"。这本书一经问世,即在曼谷和整个泰国引起了极大轰动,各地不仅掀起抢购热潮,也成了官民各界热议的话题。许多人把这本书当成了解和认知中国的权威"宝典"。人们正是通过这本书认识了一个真实的中国,公主殿下首次访华及其所著《踏访龙的国土》,对其后中泰关系发展起到了重大而深远的影响。

二、遍访神州大地

2004年2月25日至3月12日,公主殿下再次对中国进行正式访问。这是她第18次访华。这次访问的重要意义在于,公主殿下将实现遍访中国各个省市自治区的夙愿。在此之前,公主已经访问了中国大多数省份,余下两个省是湖南、贵州。中方对此访非常重视,全国人大常委会委员长吴邦国等领导人会见和宴请了公主殿下一行。在会见谈话中,公主表示,非常高兴通过此访实现遍访中国各省市自治区的夙愿,希望今后有机会再来,侧重就一些专题进行更深入的考察研究。中国领导人对此表示欢迎,并强调说,公主此次访华应划的是

"逗号",而不是"句号"。这已经被公主自2004年以后每年都到访中国的惯例所应验,而且相信这个"逗号"还将没有限期地画下去。

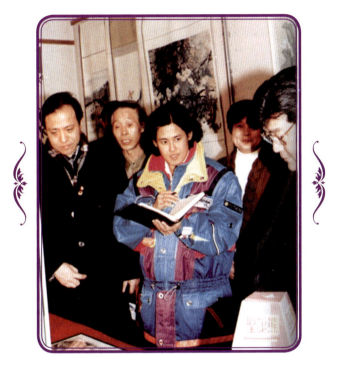

1994年1月,管木大使(左一)陪同诗琳通公主访问中国东北。

此访有两件事具有特殊意义。一是为纪念公主殿下遍访中国各省市自治区,中国国务院总理温家宝特意向公主致赠了《中国行政区标准地名图集》精装版。温家宝总理在地名图集的扉页上写道:中泰友好的杰出使者诗琳通公主殿下留念,并赠言"遍访神州大地,弘扬中泰友谊"。这不是一本普通的地图集,它承载了中泰深厚友谊并铭记了公主殿下为之所作的贡献,极具里程碑意义。二是中国人民对外友好协会举行隆重仪式,向公主殿下颁授"人民友好使者"称号。"人民友好使者"称号设立于1990年,是中国人民对外友好协会向为中外友好作出突出贡献的国际友人授予的最高荣誉称号。诗琳通公主殿下获此殊荣,乃实至名归。

三、荣获"中国缘·十大国际友人"称号

2009年是中华人民共和国成立60周年。这是个大庆的年头。中国政府和社会各界都组织了隆重热烈、色彩纷呈的庆祝活动。为此,中国人民对外友好协会联合中国国际广播电台、中国外国专家局举办了评选"中国缘·十大国际友人"活动。这项评选活动旨在纪念和表彰为新中国的成立和建设作出过卓越贡献的国际友人。评选活动是通过互联网投票进行的,群众投票十分踊跃,上网投票的人数达5600万人。评选结果公布,泰国诗琳通公主殿下以高票当选。

12月8日是中方举办"中国缘·十大国际友人"称号颁奖典礼的日子,公主殿下收到了前往北京接受称号的邀请。我们都知道,12月5日是泰国国王陛下寿辰暨国庆日,按传统,此期间王宫和政府都将接连数日举行各项庆祝活动,这时的王室成员最为繁忙。就在这样的情况下,公主殿下还是决定调整原先日程,专程亲往北京参加颁奖典礼,并在当天返回曼谷。

这是公主第30次访华,也是她在2009年里第4次访华,创下了同一年访华次数最多的纪录。12月8日那天,我前往廊曼机场为公主访华送行。凌晨4点多

2010年3月,诗琳通公主为中国驻泰国大使馆题词"志存高远",右一为管木大使。

天还没放亮，空气里弥漫着丝丝凉意，然而廊曼机场的贵宾室里却充满了热烈欢快的气氛。当公主抵达时，她满脸微笑地和大家寒暄，可以看得出她内心透射出的满怀喜悦和兴奋激动。

在北京期间，中国全国政协主席贾庆林与公主殿下举行了亲切会见，贾庆林主席单独向公主殿下颁授"中国缘·十大国际友人"称号。贾庆林主席语重心长地说："中国人民没有忘记在新中国成立和建设过程中给予我们帮助的各国朋友，'中国缘·十大国际友人'评选活动得到了中国民众的积极参与，引起了强烈反响。这是中华民族重情感恩、不忘朋友传统美德的集中体现。"公主满怀深情地回应道："虽然今年我已访华3次，但得悉自己获得'中国缘·十大国际友人'称号，心里特别高兴和兴奋，感到获此奖项意义非凡，遂决定亲自来华领奖。"在颁奖典礼上，公主殿下代表全体入选者用中文发表讲话。公主说："这次评选活动表明，中国人民一直没有忘记曾经帮助过中国的老朋友，这些国际友人始终被中国人民铭记于心。我曾从书本上或别的渠道了解到其他当选人的事迹，觉得他们都是值得尊敬的人。我为自己能够与他们一同入选而感到骄傲！"

结束了北京一天的繁忙活动，公主于当天子夜时分乘飞机返回曼谷。在前往机场迎接公主的路上，我心里在想，公主一天里乘飞机往返近10个小时，在北京参加了一系列活动，会不会太过劳累，身体是否吃得消，不禁为公主捏了一把汗。然而令我意想不到的是，公主走下飞机时还是那么精神抖擞，神采奕奕，不见丝毫疲惫和倦意。我想，这应该就是"诗琳通精神"吧。后来我几次觐见公主时她都愉快地提起那次经历，言语中仍然透着一份满足和自豪。公主说，多年来她深感中国人民的深厚情谊，为此她也获得了不少奖项，但她最看重的就是"中国缘·十大国际友人"这个称号，因为它承载的是中国广大民众对她为中泰友好所作努力的褒奖和鼓励。这也让我们更深刻体会了"国之交，在于民相亲"的深刻语义。继后，为祝贺诗琳通公主殿下荣获"中国缘·十大国际友人"称号,泰国政府特别安排在总理府和平友谊大厦为公主殿下举行隆重的庆祝活动,并在现场精心布置了有关图片和音像展览。中国大使馆也联合泰中友协在大使馆举行了庆祝会,公主殿下亲临出席。公主在会上用中文发表致词,全篇讲话语句通顺流畅,发音字正腔圆,更表现了中泰一家亲的浓浓情意,赢得了全场来宾一阵阵经久不息的掌声。

2011年8月,诗琳通公主在管木大使(中)的陪同下出席朱拉隆功大学孔子学院中国文化体验中心揭牌仪式。

今天中泰关系之所以得到长期、健康、稳定、顺利发展,正是由于"中泰一家亲"已深深植根在了两国人民的心中。作为一个长期从事中泰友好工作的中国人,我非常敬仰诗琳通公主殿下几十年如一日为促进中泰友好所作的努力和贡献,也为自己成为公主殿下的朋友感到非常荣幸。在庆祝公主殿下六十寿辰之际,谨以此文感谢公主殿下为中泰关系发展所作的重要贡献,并祝愿殿下福寿康宁,永葆青春!

(作者2009年—2014年任中华人民共和国驻泰王国大使)

陪王蒙先生到公主家做客

陈 疆

中国老百姓对诗琳通公主一点儿都不陌生,她在中国是家喻户晓的外国名人。由中国国际广播电台发起并联合中国人民对外友好协会和国家外国专家局共同举办的评选活动中,诗琳通公主被评为"中国缘·十大国际友人"之一。

在泰国,诗琳通公主很受人民的爱戴。到泰国各地去旅行,你会发现,大街小巷到处都有公主的画像。老百姓谈到公主,都是赞誉声一片。我想主要的原因是她爱人民,她的一举一动都让人感到一种真挚的朴实和谦和,让人感觉到非常亲切。

我在中国驻泰王国大使馆任文化参赞,由于工作上的便利,我有许多次与公主近距离接触的机会。

2009年1月17日上午,我有幸陪同著名作家王蒙先生夫妇,应邀到诗琳通公主在市中心的萨芭通宫家中做客。我们一行有王蒙夫妇、王蒙的女儿女婿和外孙一家、张九桓大使夫妇、朱拉隆功大学孔子学院中方院长傅增有教授夫妇、王蒙先生的秘书彭世团以及我和我夫人。还记得那天是星期六,风和日丽,大家心情都非常愉快。我们早早就来到了公主家,先在她家的花园里一边散步、拍照、参观二楼的小型博物馆,一边等待公主的到来。

那天公主身穿紫色偏红的泰丝套装,显得端庄美丽。泰丝比中国丝绸硬一些,所以穿起来比较笔挺。泰国国王、王后、王储和几位公主根据各人生日的不同,都有他们特定的颜色。诗琳通公主是星期六出生的,她的颜色是紫色。时近中午,公主在家中设宴款待我们。餐桌是长方形的,可以坐18人。公主坐在桌子一边的中间,她的右手边是王蒙夫人,左手一侧是九桓大使。王蒙先生则坐在公主的对面,其右手边是大使夫人唐老师,左侧是TCC集团苏旭明主席夫人周美满女士。我坐在大使夫人唐老师的右边。我还保留着当时的菜单,所以能够清楚地记录在此:第一道是冷盘,第二道是黄焖汤蒸蟹腿配春卷,第三道是粤式砂锅鱼翅汤,第四道是炒青菜,第五道是福建竹筒炒饭,第六道是泰式糯米芒果,第七道是新鲜时令水果,最后一道是茶或咖啡,由客人自选。饭菜很丰盛可口,但并不奢侈铺张。

诗琳通公主在萨芭通宫宴请王蒙先生一行,左一为陈疆参赞。

通过与公主相处,我们感受到,公主虽然富有,但她不贪图享受,一点儿都不奢侈。之前,我听我的同事和泰国朋友说过一些关于公主的轶事,他们都是经常亲近公主的人。公主原来的汉语老师韩女士就告诉我,春节时公主会给身边的人发红包,但数额并不大。这样的做法让大家感觉很温馨,因为春节送红包本来是送吉利,是一种祝福。泰国驻华使馆的官员也告诉我,公主有一次访问北京时计划要爬长城,请使馆帮忙准备鞋子。使馆的官员们犯了难,不知道要买多好的一双鞋才能配得上公主这金枝玉叶。他们最终决定试探公主的口气，结果怎么也没想到，公主乐呵呵地说："给我买一双十几二十块钱的北京老布鞋就行。"

公主知识渊博，也很健谈。那天席间，她与王蒙先生聊了很多在中国的见闻和她对王蒙著作的理解。公主坚持学习汉语三十年，汉语水平很高，能够通读古文和古诗，与中国人交谈没有任何障碍，和王蒙先生交谈当然也不需要翻译。据我所知，公主能讲一口很好的法语，还会英语、德语、柬埔寨语和梵语等多门语言。公主并不是专门学习语言的，但她能掌握那么多种外语，相比较之下，我们很多人学习一门外语都很吃力。这让我们确实很佩服她的学习精神和聪明才智。

就在我们到公主家的前一天，王蒙先生在朱拉隆功大学进行演讲，公主就坐在观众席中。她与我们一起聆听，一起点头，一起微笑，还不时地做笔记，完全沉浸在深度的欣赏中。

王蒙先生及夫人向诗琳通公主赠送礼物。

公主翻译过王蒙先生的小说集《蝴蝶》，她与王蒙先生非常熟悉。1987年2月王蒙先生任文化部部长访问泰国时第一次与公主见面，回国后还写了一篇

《与诗琳通公主会见》的散文在当年7月的《新观察》杂志上发表。后来王蒙先生又多次与公主相见，公主访问北京的时候还去过王蒙先生家里。

王蒙先生和诗琳通公主侃侃而谈，欢声笑语，其乐融融。

公主家的客厅有一个特别适合照集体照的小台阶，加上地板一共是3层。那天宴会结束后，我们和公主一起在那里合影。诗琳通公主站在中间，王蒙先生站在她的右手边，王蒙夫人在左手边，张大使夫妇站在王蒙的右边，其他的人依次站在隔层台阶上。我一直珍藏着这张照片。

诗琳通公主与王蒙先生一行在萨芭通宫合影。

王蒙先生非常喜欢泰国，这是我在后来与他的谈话中得到确认的。几年后我在新加坡工作时有幸再次接待王蒙夫妇，我问王蒙先生去过那么多国家，最喜欢什么地方？王蒙先生说他最喜欢泰国。在此之前，我曾估计王蒙先生会喜欢泰国，所以有意选他不在泰国的时候问他这个问题。果然他确实喜欢这个国家，我想其原因除了泰国有美丽的风景、淳朴的民风和丰富的民族文化以外，也是因为他在泰国有诗琳通公主这样的好朋友。王蒙先生曾经说："与诗琳通公主的会见，是一个值得温习的极为愉快的回忆。"

今年是诗琳通公主的60大寿之年，同时也恰好是中泰建交40周年，60和40正好是100，非常巧合也是非常吉利的数字。在泰国，有很多政府机构和民间社团都发起组织庆祝中泰建交和为诗琳通公主祝寿的活动。2015年9月，曼谷将举办第17届曼谷音乐舞蹈节，这是一个集歌剧、交响乐和芭蕾舞演出为一身的高雅艺术节，其开幕演出将以为公主祝寿并庆祝中泰建交40周年的名义举办。组委会邀请诗琳通公主出席并请示公主想看什么演出。公主点名要看中国的戏剧。由此，王宫秘书长和组委会主席乌贝罗先生来拜会宁赋魁大使，希望中方推荐一部大型的中国戏剧届时来参加艺术节的开幕式。大使把这个任务交给了我，我当然很兴奋，也很紧张。目前我们正在积极筹备，要组织一台艺术水准最高、规模最宏大的中国戏剧演出。我希望我能办好这件事情，让公主满意。

（作者系中华人民共和国驻泰王国大使馆文化参赞）

我认识的诗琳通公主

许智宏

诗琳通公主在北大师生心目中是一位十分平易近人，又受人尊敬的泰国公主。

2001年2—3月诗琳通公主到北京大学留学一个月，除了听课外，还要学习太极拳、国画、民乐演奏，并在北京参观访问。那时我已在北大担任校长。2月14日下午诗琳通公主抵达北大，下榻在未名湖畔的帕卡德公寓，我在门口恭候公主一行，当晚北大即在勺园宴请诗琳通公主。这是我第一次见公主。诗琳通公主在北大学习期间，3月3日下午我又陪同当时的教育部长陈至立女士拜访诗琳通公主。由于3月中旬我要出访欧洲参加几个大学的活动和会议，考虑到

诗琳通公主在北京大学过生日，中立者为许智宏校长。

我回国时诗琳通公主已结业回国,故于3月8日晚我和几位校领导在北大附近的达园宴请诗琳通公主,听取她在北大学习的感受。

　　自那以后,我亲历了在诗琳通公主的倡导下,北大和泰国朱拉隆功大学建立了十分紧密的关系,开展学术交流和合作。两校合作在朱拉隆功大学建立了朱拉隆功大学孔子学院,诗琳通公主和我还参加了分别在两校举办的农业生物工程双边学术研讨会。在访问泰国期间,我还有幸两次应邀到诗琳通公主工作和生活的萨芭通宫做客。在我担任北大校长的九年中,诗琳通公主七次访问北大,她多次在北大与北大师生一起度过她的生日,她已成为我们北京大学大家庭中的杰出一员,我们以此为荣,也感到很自豪。

许智宏校长(左二)与诗琳通公主交谈。

　　诗琳通公主给我印象最深的是她的谦虚、好学。她无论走到哪里都会带着她的笔记本,随时记下了解的新的情况、知识,甚至在饭桌上也是如此。记得在一次吃饭时,偶尔谈起她青少年时的生活,她说也不轻松呀!比如去森林田野,都会有老师跟着,教她认识不同的植物以及相关的知识,就这样在不知不觉中也学到了不少东西。只要看看诗琳通公主每次访问中国回国后所出版的书，记下的所见所闻，就可知道公主热爱中国、喜欢中国文化，是一位非常细心、认真而善于学习的人。更使我惊奇的是在我们两人一起参加北京大学—朱拉隆功大学双边农业生物工程研讨会时，公主竟能提出不少相当内行的问题。我想这只因为她关心她的祖国，关心泰国的农业，关心泰国农民的生活，所以她十分关注这些农业科技的进步和成果能否用于改进农业生产、提高农民的收入。每当想起这些，总使我对诗琳通公主产生一种由衷的敬佩。

  值此诗琳通公主今年六十华诞，仅以此文表达我对公主的诚挚祝福，也祝愿中泰两国之间的友好关系、北京大学和朱拉隆功大学两校之间的合作和交流，能不断发展并结出更多丰硕的成果。

（作者系原北京大学校长、中国科学院院士）

有幸结缘诗琳通公主

张砚秋

时间过得真快，转眼间35年已经过去。记得与诗琳通公主初次见面，是在泰王国吉拉达王宫公主的书房里。公主从小受到很好的教育，二十几岁的她已掌握几门外语，能用英语、法语准确地进行交流。后来，公主又对汉语产生了兴趣，于是开始了学习汉语、了解中国文化的长年之旅。我非常幸运地成为她学习汉语的启蒙老师。在我们相处的日子里，公主的诚恳为人和勤奋好学给我留下了深刻的印象，从与公主的交往中我本人也受益良多，我由衷地敬爱诗琳通公主。

诗琳通公主与张砚秋教授交谈。

公主平易近人

1980年初，我怀着忐忑的心情来到泰王国曼谷。4月12日，我被泰国王室派来的汽车接去给公主上第一堂汉语课。忐忑是因为我从未接触过皇家或王室的成员，不了解王室的各种礼仪，也不了解深宫大院中的王室成员。而且，我原是英语教师，初次教汉语，不知从哪里教起，也不知道怎样教效果更好。可是，诗琳通公主的和蔼可亲拉近了我们之间的距离。公主温文尔雅，性格温和，对待王室里服侍她的人都是轻声细语，和颜悦色，面带笑容，这使我顿时心中释然。公主的平易近人，使我放松了许多，我们像朋友一样迈入汉语学习之门。

我们从最基本的汉语发音和四声开始。这阶段的学习是比较单调枯燥的，每次上课2—3小时，经常练得口干舌燥。但是，公主从未感到厌倦或不耐烦。她总是全神贯注，练得非常认真。有时，我们也拉拉家常，休息一下。诗琳通公主性格开朗，为人坦诚。有一次，她谈起她的泰文昵称是"宝贝儿"的意思。于是我用汉语叫她"小玉"，告诉她，在汉语里"小玉"也是"宝贝儿"的意思。我对她说，中国的古典四大名著之一《红楼梦》中的主人公贾宝玉、林黛玉的名字中都有一个"玉"字，在汉语中"玉"是洁白无瑕、很美丽、很珍贵的意思。诗琳通公主欣然接受了这个汉语小名"小玉"，在之后寄给我的贺卡上她多次用"小玉"署名。公主还谈起过她小时候的故事，并把她写的童话集（英译本）送给我。后来，我根据英译本将公主的童话集译成汉语《顽皮透顶的盖珥》，于1983年由上海少年儿童出版社出版发行，将公主的童话集介绍给中国的小朋友，公主自然很开心，并用中文亲自为童话集作序。

公主勤奋好学

诗琳通公主公务繁忙，1980—1981年间，每年只有一半的时间在曼谷王宫内，其他时间或出访国外，或到泰国各地视察。她不在曼谷时，汉语教学自然要停下来，所以，公主第一年的汉语课断断续续，有时间断两三个月。可是，由于公主的自我掌控能力很好，我们的学习受影响不大。公主主动地想了许多办法，例如，她要求将课文录音，外出时带上，见缝插针，抽空自学，弥补语言环境的缺失；再如，她要求我给她留书面作业，定时完成并送回批改等等。总之，在教学不十分连贯的情况下，她的汉语学习进步很快，不到一年时间，掌握了发音和四声，并能用汉语进行口头交流。更令人难以置信的是，她还试着用汉语作演讲，字正腔圆。这些都能说明，公主除了天资聪颖、有语言天赋外，她对自己要求十分严格，自觉地勤学苦练，百忙之中从不懈怠。更何况，她在学习汉语的同时，还在完成社会学、梵文等硕士论文。

公主不满足于会说汉语，在汉字的书写上也很下功夫。汉字是很难写的，在我后来教过的外国学生中，没有哪一个能把汉字写得那么好。诗琳通公主能写一手好汉字，她的字写得工工整整。我们不妨将诗琳通公主用汉语为《顽皮透顶的盖珥》一书作的序言转载如下：

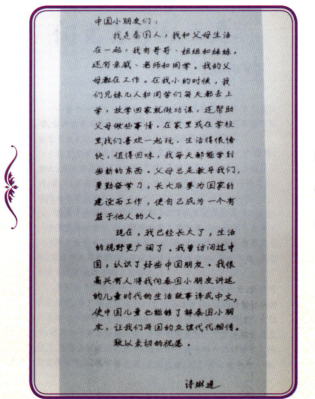

我钦佩诗琳通公主的孜孜不倦,刻苦以求。

诗琳通公主在北大与汉语老师们交谈,右一为张砚秋教授。

公主有理想有抱负有担当

身为王公贵族的一员,诗琳通公主时刻挂记着平民百姓的疾苦,难能可贵。公主时常去泰国灾区访贫问苦,哪里受灾,公主总是亲临驾到,给人民带去安抚与慰问,难怪公主深受泰国百姓的尊敬与爱戴。毫不夸张地说,诗琳通公主在泰国,有口皆碑。

公主是个极有爱心的人,她收养有十多个孩子,供他们上学读书,让他们成长为对社会有用的人。公主的仁爱之心表现在时时处处。她来中国访问,也不忘记把爱心带给中国的孩子们。在中国,诗琳通公主捐建有希望小学,还去看望北京宏志中学的孩子们,认捐资助宏志班的学生。公主心怀天下,从青年时期开始,便常常协助国王巡访,关心百姓的冷暖疾苦,关注他们的教育成长。1981年4月公主首次出访中国之前,将她的诗作《跟随父亲的脚步》介绍给我,当然我看到的仍是英译。后来,在公主访华期间,那首诗登载在中国的报刊上。诗中写道:

穿过茂密、阴森、浩瀚无边的丛林,
我跟随父亲的脚步,不停地前进!
……
为了人类,不要彷徨,不要气馁。
怀抱崇高的理想,前进吧,
如果你愿意跟着父亲的脚步!

公主的担当是自觉自愿的,她希望看到泰国人民和全世界的人民安康幸福。

诗琳通公主不仅是我们教过她汉语的汉语老师的朋友,她还是中国人民不可多得的、可靠的朋友。公主对中国怀有深厚的感情,从语言文化,到中国的大好河山,她都很喜爱。公主的足迹踏遍中国的东西南北,每次访华后都写有观感,把中国的点点滴滴介绍给泰国人民,增进了中泰两国人民之间的了解和友谊。

诗琳通公主在泰国驻华大使馆宴请汉语老师,左四为张砚秋教授。

谨以此文庆贺诗琳通公主六十寿辰,祝愿公主吉祥如意,身体健康!

(作者系北京大学外国语学院教授、诗琳通公主首任汉语老师)

玉壶冰清公主心

裴晓睿

"公主"一词，在现代中国人的心目中引起的多是历史的回忆。那皇室的尊严、豪华的气派、繁多的礼节，无不使人产生敬而畏之、退避三舍之感。然而，在与诗琳通公主接触一个月之后，"公主"一词竟变得亲切、可爱起来。

2001年2月14日，泰王国万民敬仰的诗琳通公主驾临燕园、不远万里负笈求学来了！这是出人意料的一件大喜事。作为北京大学接待班子的一员，我有幸参与公主的学习活动达一月之久，与公主近距离接触，获益良深。此文仅略述一二，以扬公主之美德，以志中泰友好之亲情。

我本人曾多次去泰国从事学术研究和讲学活动，长达八年之久，对于诗琳通公主在泰国的崇高地位和威望以及人们对公主发自内心的爱戴之情，印象极深。在泰国，所有的人提到"我们的帕泰公主（'帕泰'是泰语中对诗琳通公主的口语简称）"时，那份由衷的热爱和自豪，总令我感动。我不由地想：古今中外有过多少个王朝，出现过数不清的公主，贤良淑德者有之，经纶满腹者有之，文韬武略者有之，叱咤风云者有之，可有哪一位能如诗琳通公主这样令举国上下，无论贵贱贫富皆能倾心热爱呢？诗琳通为什么能赢得全泰国人民的心？这个问题在我的脑子里一直是个疑问。

诗琳通公主对北大的访问也非首次，现在北大泰国研究所的办公室里，还陈列着1999年4月5日公主来访时的亲笔题词。但以往几次都是来去匆匆，而这一次，公主却要在未名湖畔住下来了，且一住就是30天！她既要读书习画，又要操琴练拳，在中国文化的海洋中尽情地汲取知识。这是她多年的一个夙愿，她曾说:"中文能够把人们引领到地球上知识最丰富的国度之一,而且越学越能体验到她的广博和深邃……"

公主的到来使我们有幸走近她,目睹她的风采,欣赏她的博识,聆听她的心语,仰慕她的品格。一月之后,我那久存于心的疑问也终于找到了答案。

诗琳通公主与裴晓睿教授合影。

亲切坦诚　贵而不骄

2001年2月14日16时30分,笑意盈盈的诗琳通公主大步走出了机舱,她那清澈睿智的双眸扫向每一位恭候在首都机场的人,我站在教育部韦钰副部长和北京大学迟惠生副校长身后,公主还是一眼认出了我,特意伸过手来与我相握,那一刻,我突然觉得,公主离我们并不遥远。

当晚的欢迎宴会上,公主用汉语对我说:"我要替朋友找一些资料,买也行,复印也行,我来时母亲给了我很多钱,姑姑也给了很多钱。我告诉她们用不着,在北大吃、住、学习都不用花钱。母亲很感动,她对中国很有感情。"多么亲切的家常话啊!没有客套,绝非外交辞令,活脱脱就是一番串亲戚拉家常的口气。我心里一股热流涌了上来,把这些话转述给坐在公主右侧的许智宏校长。校长说:"欢迎公主以后常来北大。"公主微笑着点头答应。

次日晨,北大国际合作部副部长李岩松、张秀环和我一起去公主驻跸的帕卡德公寓谈日程安排。公主热情地把我们迎进客厅,发现座椅不够,便急忙亲自去对面的房间搬椅子。落座之后,公主又拿出她心爱的小小的紫砂壶,给我们每个人斟上她最喜爱的功夫茶,一边笑着说:"我很喜欢功夫茶,有一次我晚上喝了很浓的乌龙茶,半夜两三点还睡不着觉。"大家一听都不禁笑了起来。于是,拘谨的气氛一扫而光。听了北大的安排,公主说:"安排没问题。有问题的是我自己,我学了单词老是记不住。"我们称赞公主:"您在昨晚宴会上的汉语致辞讲得非常好。"并鼓励公主说:"学外语敢开口就成功了一半。"公主说:"我敢!如果不敢说,别人就不知道我错在哪里。"多么坦荡的心态、多么明智的思想!就这样,在亲切、随和的公主面前,我们就如坐在朋友家的客厅里,兴致勃勃、无拘无束地商议一个旅行计划般地确定了整个日程安排。

诗琳通公主在裴晓睿教授(右一)陪同下在北大听课。

虚怀若谷　博学多识

诗琳通公主在北大期间的参观、讲座和教学实践活动涉及多种学科领域：国际政治、宗教、建筑、教育、社会学、文学、医学、生物工程、信息工程……令人惊叹的是，她几乎对所有的领域都感兴趣并且有相当多的了解。

3月5日公主参观科技展览，偌大的展厅里，摆满了琳琅满目的高科技成果，令人目不暇接。参观的人群熙熙攘攘，音频甚高的解说声此起彼伏。在这样的环境中，我们这些陪同人员都感到听起来很吃力了，而公主却始终全神贯注地聆听着解说员的汉语讲解，如往常一样地认真做笔记。当参观到北大生物工程部分时，北大副校长、著名生物工程学家陈章良教授亲自向公主详细介绍了生物转基因工程方面取得的科研成果。公主不但能听懂陈教授那带有福建口音的普通话，而且能明白他所介绍的专业术语。此外，她还结合泰国在转基因研究方面的情况提出了一些问题，与陈教授交流。那天的参观是真正的"跑马观花"，可公主却居然还能记下了整整五页笔记！事后，公主去参观了北大生物城，又与几位科学家专门进行了一次座谈。公主在记者招待会上说："我以前总认为到中国来应该学习中国的文化，其实，中国的科学技术也很值得学习。"在公主的答谢宴会上，北大校务委员会主任、医学教授王德炳与公主谈起医学问题，如麻风病、脊髓炎，公主同样知之甚多，能够侃侃而谈，且兴致极高，在座的每一个人不得不佩服公主的博学多识！

日理万机　举重若轻

以公主在泰国的崇高地位，"日理万机"怕是绝非虚言。公主能够下决心放下一切冗务，到北大研修语言文化达一月之久，实属不易，可以说一分一秒都是珍贵的。后来，公主的日程在排满的基础上又不得不一再加码，而公主却从无怨言。当我们提出请公主用汉语作一个有关中泰文化交流方面的学术演讲时，公主欣然答应。我们深知，一般来说，即使用母语作一个学术演讲，至少也要几十天的准备，而公主此行，对此应是无备而来。可想而知，用汉语完成这个演讲，需要付出多大的努力呀！我们心里一直为此忐忑不安。

公主本来有一套文字资料，可惜临到讲演的前一天上午做准备时，发现找来的图片资料与文字资料对不上号。新的一套200张图片尚未在电脑中排序，这时已是快中午12点了，而下午公主还要上课，晚上还有宴请。怎么办呢？我们心中十分着急，可又爱莫能助。想不到，沉稳的公主此时竟粲然一笑，对我和王若江教授说："这样吧，你们先回去，晚上我参加宴会回来，把图片全部整理好，明天早上我就说给你们俩听。你（指王若江）就当钱正英，你（指裴晓睿）就当陈至立。"一句话，把糟糕的气氛一扫而光，大家都笑了。第二天上午，公主一见到我们就致歉说："对不起，昨天上午我没准备好。"接着，公主自己操纵着电脑上排序完好的图片，一一作了生动有趣的讲解。我们悬着的一颗心才算落了地。下午，公主站在北京大学图书馆的学术报告厅讲台上，用汉语顺利地完成了题目为"中国文化在泰国"的学术演讲，并博得了阵阵掌声。

听众们大概不会想到，为了这个演讲，公主昨晚两点方眠，而凌晨五点又早早醒来。尽管如此，她仍然神采奕奕，那纯真朴实的微笑，一直挂在她的脸上。

正义在心　襟怀宽广

专程来京迎接诗琳通公主回国的素帕拉·叻帕尼衮教授是一位历史学者，受公主指示，目前正在研究有关泰国华人的课题，需要从中国史籍中查找一些资料。恰好我的研究生吴春梅正在做硕士论文"二战后泰国与印度尼西亚华人华侨政策之比较"。公主热心地建议，请苏帕拉教授与吴春梅谈一次。那天我与薄文泽教授也在座。当我们谈兴正浓时，公主走了进来，公主说："华人在泰国没有被当作外国人看待，他们享有和泰国人一样的权利。泰国的总理很多都是华裔。他们有华人血统,但他们是泰国人。銮披汶时代取缔华文学校,不许学华文,华人就偷着学。这样的政策不对。""印尼迫害华人华侨很残酷。不过写论文时也要注意到印尼人的感情。"说到美国轰炸中国驻南斯拉夫大使馆时,公主说:"误炸的说法不能令人相信。"

在另一个场合公主还说:"我的朋友很多是华人子弟,他们有的是第二代,有的是第三代。也有人对我与华人子弟交往表示不理解,我跟他们说:华人很重视自己子女的教育,大学里大部分学生有华人血统。"可见公主对国际关系问题、民族问题了然于胸,且正义在心,坦坦荡荡,立场鲜明。

忧国忧民　忘我操劳

无论公主去哪里参观、访问、座谈,听了别人的介绍和发言之后,最常说的话是:"这个问题在泰国是……""我回去也要在泰国推广""泰国这方面也可以向中国学习"等等。使我们这些陪同人员不由不为公主这种心中时刻想着自己的祖国和人民的精神所感动。相反,对于她自己,公主却毫不在意。欢送公主的宴会上,公主对我说:"我曾经有一次胃疼得厉害,站都站不起来了。我就涂了祛风油,可是还是不好,只好上医院。在医院做了胃镜,医生说我是胃溃疡,给我打了针,还叫我住院。过了一会儿,我觉得不疼了,就回家了。我不想住院。后来它自己就好了。"我听了觉得真是不可思议!贵为公主,竟如此地不知怜惜自己。这与她心中时刻装着国家和人民形成了多么鲜明的对照啊!

公主在北大研修时表现出的俭朴作风令所有负责接待的工作人员感服不已。有一次,当服务员去替换公主冰箱里的剩余食品时,公主阻止,不让扔掉。服务员十分感动。公主笑着回应说:"我怕浪费!"听了她的话,我们每个人都肃然起敬,在这方面她不仅是泰国人民的楷模,也是我们每个中国人的楷模。在没有亲闻其言、亲睹其行之前,我实在不敢想象,金枝玉叶般的公主竟是如此忘我地为国为民操劳，对自己却到了严苛的程度。她心里装着的总是自己的国家和人民，人民怎么会不爱她呢？

裴晓睿教授向诗琳通公主赠送《新汉泰词典》。

惜别依依

一个月的时间如穿梭般飞逝，转眼公主就要离开北大了。2月14日公主来时，未名湖面还是冰封一片。如今，湖水已开始消融，湖岸的垂柳已略泛青绿，在依然寒意料峭的春风中依依摇曳。

欢送公主离校回国的宴会上，公主对我说："我来前其实心里也犹豫：一个月能学得好吗？想来想去，管它呢！去了再说。没想到在北大学了一个月，我能用汉语答记者问，连我自己都吃惊。我没想到老师用这样的方法教我。"言谈中公主充满着感激。最后，公主用胡琴演奏了三支中国和泰国曲子，颇有专业水平。公主先用汉语介绍了泰国曲词的内容，然后边拉边唱。最令人感动的是此情此景中公主所唱的歌词可谓情真意切，歌词大意是：

无奈离别，

我心依依，

欢歌笑语忆往昔。

我今离去，

情非得已，

人生自古伤别离。

我们相互慰藉，

用最甜美的言语。

这一幕，令所有在座的人永生难以忘怀。

未名湖畔初吐新绿的垂柳在微风中摇曳生姿，似在向尊敬的中泰友好的使者诗琳通公主依依惜别呢！

（作者系北京大学外国语学院教授）

走近诗琳通公主

张 英

诗琳通公主的芳名,早就听说过,也在电视上见过她的倩影,但近距离看她、接触她,还是在2000年的10月间公主来访北大时。在此之前,我和王若江老师已经接受了学校下达的教授公主汉语的任务,我们知道,公主此次莅临,就是专为商量学习的事情而来的。

初次与诗琳通公主见面的那日,天气晴朗,松竹掩映下的临湖轩,显得格外宁静。蜿蜒的石径,将古朴肃穆的贵宾接待室与幽雅的院落连成一体。我们奉命提前到贵宾室,稍待片刻,诗琳通公主及其随行人员准时到达临湖轩。简短的寒暄之后,话题很快就转入关于她来北大学习的事情。这时,我有机会近距离地观察这位让人心仪已久的泰国公主。

也许,中国有公主的年代离现在已经太久远了,无论是从孩提时代所读西方童话中的公主,还是成人后从史书、杂记、小说、戏剧中看到的中国历史上的公主,其形象和性格都是相当模式化的。前者,白纱丽裙,伴着一颗远离尘俗的童心;后者,雍容华贵,居家或出行永远带着不可懈怠的威仪。在人们的印象中,无论是童话故事中冰清玉洁的西方公主,还是历史上高贵而威严的中国公主,在高贵和威严的背后,似乎都伴随着一种难以消除的距离感。因此,当一位真正的公主出现在眼前时,传统的观念或中西方文学作品中描绘的公主形象无疑会自觉不自觉地引导着我们去印证她们之间的吻合点。这时,我们的确不可避免地犯了一次经验主义的错误,因为找不到"="号。

诗琳通公主的平易与随和是有口皆碑的。尽管我对此已有了相当的了解和精神准备，但是当她出现在面前，其平易、随和的程度还是超出了我的想象。清秀的面庞不施粉黛，略微弯曲的短发随意掩在耳后，身上穿的紫红色西服套裙，看上去更是普通得不能再普通了。我相信，当时所有第一次见到她的人，心中都不免惊疑，这就是诗琳通公主吗？！

不错，她就是诗琳通公主！这一天，公主在北大逗留的时间很短，她给我留下了深刻印象，但是却没有机会了解她个人风采的深层魅力，直到2001年2月14日她下榻未名湖畔，开始为期一个月的学习生活，我作为诗琳通公主的汉语老师，有幸天天与公主相处，这才真正领略到诗琳通公主的精神风采和人格魅力。

平易随和　不事雕琢

人们都知道，一个民族的传统礼仪文化，最厚重的部分总是由王室或皇室来承传的，即便到了现代，也是如此。所以，我在接受教学任务的同时，也做了承受繁缛礼节的心理准备。

2001年2月15日，风清日丽，位于未名湖北岸的帕卡德公寓显得比往日更加庄严肃穆。松林中的轿车，门前机警而严肃的警卫，这一切都引来过往于湖边的人们好奇的目光。早上8：50，我和王若江老师相约来到了帕卡德公寓。因为是公主第一次上课，我们决定先一起跟公主见个面，确认一下教学计划和上课时间，然后再开始正式上课。由于还有一些访问日程需要确定，那天，一同来见公主的还有北大国际合作部的张秀环副部长和东语系泰语专业的裴晓睿老师。

诗琳通公主的住处安置在帕卡德公寓的三层，进门的一大间是客厅兼教室，里面摆放着西式沙发、餐桌、茶几，也有中式书柜、条案和太师椅，几盆翠绿的植物点缀在案头和墙角，一个硕大的花篮摆放在茶几上，将客厅烘托得春意浓浓。我们进门时，公主正在忙着什么，见我们来，马上起身迎接，互致问候，然后亲自为大家准备茶水，俨然家庭的女主人。看到公主如此随和不拘常礼，我们的拘谨也都随即消逝了。这是我第一次亲身感受诗琳通公主的平易与随和。

说到诗琳通公主的平易随和，凡是接触过她的人，都可以举出无数例子，像穿着的随意，打扮的自然，接人待物的平易亲切，不事雕琢等等，无不给人留下深刻的印象。但是，当你真正走近诗琳通公主的时候，就会发现，公主的平易与随和，远比常人所了解得要深厚得多，瑰丽得多。

记得那次参观老舍故居和郭沫若故居，中午是在外面吃的饭，回到住处时，公主的警卫李红艳小姐突然想到留在家里的几位内勤可能还没有吃饭，边登楼梯边跟公主说："刚才我们应该带点'狗食'回来。"公主看到我和走在旁边的张秀环副部长有些不解，于是笑着给我们解释说："有一年在美国，我去饭馆吃饭，吃剩下的饭想带回去，但是有点不好意思，于是对服务员说，'请给我打包，我要带给我的狗吃。'"说到这儿，公主显得异常兴奋，她用手指点着自己的胸口，强调说："是我吃！是我自己吃！"大家都笑了，原来李红艳小姐所说的"狗食"，竟有这样一段佳话。

把吃剩下的饭菜打包带回去，对一般人来说，也许算不得什么，但是对于一位公主来说，这样珍惜食物，其思想境界就不是常人所能够比拟的了。不了解诗琳通公主的人也许会说："那不过是碰上她爱吃的食物罢了。"但是只要走近公主，对她的日常生活稍有了解，那么就不会产生这样的疑问了。

诗琳通公主来北京大学研修中国文化，这不仅是北大的骄傲，也是中泰两国交往史上灿烂的一页。公主在北大期间的学习、生活、参观访问等等，都是精心安排的。特别是她的饮食起居，除了北大的精心安排以外，泰国大使馆每天都派专车、专人送来两大篮子食物，公主完全不必像去饭馆那样特意"打包"留下什么。但是，公主依然把吃剩下的饭菜、汤什么的留下，晚上继续吃。北大的领导担心这样会影响公主的身体健康，再三叮嘱服务人员，一定要把剩下饭菜收回来。有一天，公主很开心地对我们说："昨天我把汤放在冰箱里了，他们没发现。"说话的神情就像做了一件非常得意的事，脸上洋溢着掩饰不住的喜悦和快乐。

"惜物"，这可能是从有钱人或身份高贵的人身上最难寻找到的美德了，然而，诗琳通公主不仅拥有这一美德，而且在她的日常生活中处处都能够体现出来，给我们这些在她身边工作过的人留下极为深刻的印象。

公主在北大期间，作为汉语老师，除了上课以外，我还经常陪同公主出访或者参观，因此有很多机会与她同桌进餐。我注意到，每次吃饭，公主从不挑食。无论什么饭菜，都吃得津津有味，而且总是尽量把自己的那份吃净，她用餐的盘子中，几乎不剩饭菜。显然，这已经成了她的习惯。在人们的想象中，皇宫里总是锦衣玉食，即便不刻意追求奢侈，也会有皇家特有的铺张与排场，在这种特殊环境中成长起来的公主，怎么会像平民一样，这样平易，这样随和，这样懂得惜物呢？这个问题，令许多人都感到费解。

随着时间的推移，对公主的了解越来越多。她过去的一些生活和经历，她为之奋斗的事业和理想，甚至是她的担忧与烦恼，都被公主当作语言练习的材料讲述出来。虽然因汉语水平的限制她还不能随心所欲地描述自己丰富的经历和思想感情，但是仅从这些化繁为简的叙述中，足以了解到公主平易、随和的源泉。

上课的第一周，课文内容是关于中国的教育与就业方面的，这是诗琳通公主最感兴趣的话题之一。她非常赞赏中国的希望工程，对课文中那位并不富有却积极参加希望工程资助山区儿童读书的萍阿姨，表示由衷的敬意。在谈到泰国山区孩子的教育状况时，公主说："泰国山区的教育也很落后，有的地方因为穷和交通不便没有学校。二十多年以前，一些警察捐款在山区建立了一所小学，我去参观，发现上学的孩子穷得没有饭吃，于是决定自己出钱帮助孩子解决吃饭问题。后来这件事被人们知道了，许许多多的普通人把钱给我，加入到帮助山区孩子的行列,这样,我就可以资助更多的学生。"公主还说:"我要资助他们上中学,上大学。我希望他们将来学有所成,能让我们的国家进步。"说这些话时,公主一改平日的活泼与爽朗,语速变得缓慢,声调也不高,深情中带着些许忧伤,那情形,就像一位因儿女际遇不佳而牵挂无限的母亲,深深的关爱,浓浓的亲情,都凝聚在那深沉的叙述之中。那一刻,我一下子理解了公主为什么那么平易,那么随和,因为她的心是那么贴近百姓,贴近山区的孩子们。

在与公主相处的一个月中,这种沉重的话题是唯一的一次。当我问起公主所资助学生的情况时,她的情绪立即开朗起来,如数家珍般地向我介绍她资助学生的情况:有的在国外深造,有的已经博士毕业,更多的正在上小学、中学、大学。我向公主介绍了中国希望工程资助人与资助对象之间建立联系的情况,我问公主:"您资助的学生是否也向您汇报学习情况?"公主说:"有很多学生来信。由于我资助的人很多,不能都回信,但是我有专门负责这些事情的工作人员。"在谈到中泰交流的话题时,公主说:"北大的生物技术很先进,我特别想让我资助的学生来北大学习。"公主又强调说:"要是能来,一定选最好的、愿意学习的人来。"参观了中国的生物技术,诗琳通公主一方面很兴奋,另一方面又为泰国的农业担忧。她曾对我说:"中国将来可能不买泰国的大米了。"忧国忧民之情,溢于言表。

凡是接触过诗琳通公主的人,都能够感受到她的平易与随和,然而,看到的往往是表层的,只有真正走近公主,了解她心系百姓、心系泰国人民的深情,才能够真正深刻感受到她的平易、随和是多么深厚而富有魅力。也许,诗琳通公主的平易与随和正得之于她对泰国百姓的这种贴近和关爱。所以,当记者请她谈谈对新世纪泰中关系的展望时,公主最重视的依然是泰中两国人民之间的交流。她说:"在新世纪中,泰中友谊将会得到新的发展,两国的交流与合作,不仅仅限于政府之间或者商业经济方面,应该深入到科学、教育、文化研究、体育运动等各个领域，更重要的是深入民间，在泰中人民之间建立直接的交流。这是我对泰中友好关系的新希望，我相信这个愿望一定能够实现！"

机敏风趣　勤奋好学

关于诗琳通公主，人们经常问的一句话是："怎么样？"我知道，大家关心的是公主的学习情况。在公主来北大学习的消息公布之后，许多人曾对公主的决定难以理解，甚至有人误以为不过是来镀镀金的，哪里会是真的学习。作为公主的汉语老师，有责任也有义务把真实的情况告诉世人。如果只能用一句话来对诗琳通公主的学习进行评价的话，那么，我会由衷地告诉你：遇到她这样的学生，是老师的幸运。

很多人开玩笑说，当公主的老师，就是"太傅"了，荣幸啊！固然，这是一件非常荣幸的事，但是我说的幸运，不是这个意思，而是指她的机敏、好学所给老师带来的成就感。诗琳通公主是一个非常善于学习的人，她从来不是被动地接受，而是主动地学习，喜欢问"为什么"。有一天，学习的课文题目叫《妻子下岗又上岗》，内容是关于下岗女工再就业问题的。开始公主对失业和再就业叫"上岗""下岗"不理解，我给她作了解释。后来，到了十点半，教口语课的王老师来了，汉语课该下课了。这时公主对我们说："现在，你们俩换岗。"说完，自己先开心地笑起来。课上并没有学"换岗"这个词，可是公主一旦理解了"上岗"和"下岗"的意思，马上就能根据情景生成新的词语，这是一般人做不到的。当时，我们都为她的机敏、风趣欣喜不已，惊叹不已。

学了就用，不回避难点，这是诗琳通公主学习汉语的一个重要特点。为了增加公主的阅读量，锻炼口语表达能力，汉语课每天都选一篇与所学课文内容相关的成语故事留给她，作为阅读作业，第二天上课要求她用自己的话复述故事，然后再使用这个成语造句。老实说，这是一种难度很大的练习，但是公主每次都做得非常好，特别是在成语的理解和运用上，悟性特别高，不仅理解准确,而且使用贴切,还常常给我讲一两个泰国版的"成语故事"。比如,公主读了"空中楼阁"这个成语后,给我讲了下面两件趣事。

第一个是关于灭绝蚊子的事。以前,泰国有一位科技部长,新上任时承诺,在他的任期内,要让泰国所有的蚊子都灭绝。公主说:"泰国很热,树和草都很多,到处都有蚊子,怎么可能灭绝呢?这位部长的想法是'空中楼阁'。"

第二个是关于胶卷的事。公主说她有一个朋友,有一次他给大家照相,却忘了装胶卷,发现以后他感慨地说:"要是照相不用胶卷就好了。"公主说:"那时候,他的这个想法还是'空中楼阁',可是现在有了数码相机,真的可以不用胶卷了。"公主还说:"有些事情,以前是'空中楼阁',现在就不是了。可惜那个朋友已经去世了,要是他还活着,肯定会很高兴的。"

在学习上,公主不仅能够即学即用,而且能够举一反三,随时随地把所学的知识、所掌握的技能运用到现实之中。有一次学习强调句式"奇怪的是,……",先给她例句,然后再给她一些替换词如"麻烦""高兴"等,最后要求公主模仿例子造句。做练习时,中央教育台的人正好在拍摄我们上课的情况,他们是继北大电视台、泰国电视台之后第三拨来拍摄公主上课情况的。由于汉语、口语、书法、绘画、二胡、太极拳等每门课都拍,对公主来说,上课常常处于摄影灯下,于是公主即景即情,随口造了这样三个句子:奇怪的是,他们总在拍我们。麻烦的是,我的文章还没有准备好(当时公主在准备关于泰国文化的演讲稿)。高兴的是,我的作业已经写完,可以玩了。像这样幽默风趣的妙语,常常能够听到,给课堂增添了许多欢快的气氛。

诗琳通公主的勤奋是人所共知的。她来北大学习仅仅一个月,却用完了8支圆珠笔和三个大笔记本,其勤奋好学,由此可见。每天,无论多忙多累,完成作业和写日记是公主雷打不动的功课。说到写作业,公主认真和投入的程度超乎常人的想象。不但按时完成,而且追求完美,特别是语篇练习,公主总是要写得有意思，写出自己的想法。虽然每天为此都得投入一定的时间，但是她却乐此不疲。每当别人问她晚上干什么时，公主常常笑呵呵地说："我得写作业。"这几乎成了她的口头禅，以至于大家开玩笑地对我们说："你们得给公主减负啊！"

张英教授向诗琳通公主赠书。

写日记，也是公主每天必不可少的功课。公主的日记可不是简单地记流水账，而是密密麻麻，一写就是好几页。有时公主会把她最得意的日记展示给我看，我虽然看不懂泰文，但是那流畅的字体，繁密的文字旁边配上的照片和相关图片，足以让我明白日记的内容是多么丰富。每个随公主出去参观或访问过的人，对公主的勤于动笔，都有深刻的印象。不论是在春寒料峭中游览八大处、大觉寺、慕田峪长城，还是在暖意融融的室内参观老舍和郭沫若故居、访问王蒙和季羡林先生、座谈妇女和儿童问题等等，公主总是本儿不离手，手不离笔。难怪每次公主来中国访问，回去以后几乎都要出版一本书，功夫原来在这里。

勤奋与好学，可以说是一对孪生姐妹，这一点在诗琳通公主身上也表现得尤为突出。她不仅勤于动笔，而且勤于动脑。记得第一次上了书法课之后，公主把自己的作品"天人合一"的条幅挂在墙上，这幅作品成了那天上课前的热身话题。谈着谈着，公主忽然问道："为什么日期不写2001年，而是写辛巳年？"我给公主解释了原因，并向她介绍了中国传统的几种纪年方法，如干支纪年、帝号纪年、年号纪年，等等。公主一边听一边往本子上记。第二天上课，我又把搜集齐全的资料带给她，公主既高兴又非常珍惜。

还有一次，是从勺园返回帕卡德公寓，途经蔡元培先生的塑像，当时未能停留。第二天一上课，公主就向我打听蔡元培曾经在北大的情况，问鲁迅在北大的时候，蔡元培是不是校长。当得到肯定答复时，公主立刻又记在她的本子上。看公主那么仔细认真，下课以后，我又查了详细资料，第二天带给了公主。勤记勤问，是公主的习惯，她也非常善于发现问题。比如游览慕田峪长城，人们往往容易被长城的壮观和雄伟所吸引，不太留意细微的地方，可是公主的观察就细多了。她问导游小姐："哪边是城外？为什么两边的墙不一样高？"导游解释说："长城的作用是防御，所以女墙高的那一边是面向城外，女墙矮的这一边是面向城内。"陪同参观的人不少，当时谁也没有留意女墙的差异，经公主这么一问，大家都跟着长了知识。

率真执着　富有爱心

2001年3月14日是即将送别公主的日子，参加过当晚送别晚宴的宾客们都不会忘记这一幕：席间，一份又一份的礼品，让公主应接不暇，快乐和忙碌所激发的兴奋，似乎让公主欲罢不能，当最后一件礼品献完之后，她好像还沉浸在那种快乐和忙碌之中。公主环视了一下全场，笑着问："还有吗？"所有的人都被她的率真打动了，笑了起来。

生活中的诗琳通公主，就是这样一位坦率纯真的人。记得那次她去长安大戏院看京剧，第二天我问看得怎么样，公主说很有意思。接着她又对我说：

"楼下的人可以吃饭,我们没有。"坐在一旁的范春明老师恍然大悟,她说:"怪不得昨晚公主老往楼下看,当时我很奇怪,公主看什么呢?原来您在看这个。"我告诉公主,戏院是不能吃饭的,楼下桌子上摆的都是北京小吃和茶水,这是老北京戏院的习惯。公主很认真地说:"我看是饭,还有这么大的碗呢!"公主边说边用手比划着,一副纯真可爱的样子。因为我没有陪同去看京剧,不知为什么没有给公主提供茶点。后来一打听才知道,那天公主的席位是楼上的包厢,为了公主的健康,看戏过程中只供应了茶水,没有提供北京小吃。没想到,这竟让童心未泯的公主殿下,既感到好奇又感到困惑。

诗琳通公主与张英教授(左三)等北京大学老师交谈。

率真是可爱的,率真中的执着则更加可爱。在我的印象中,公主的执着莫过于对教育的关心和对山区孩子的关爱。从她开始资助山区贫困孩子上学起,20多年以来,一直坚持不懈地为改善山区教育状况而努力奋斗。公主在作业中写道:"我没有自己的孩子,但我当老师,因此我关心孩子的教育。"在谈到教育孩子用什么方法比较好时,公主写道:"老师应该培养学生的思维能力。泰国古代的老师用四种方法教育他们的学生:第一,让学生多听多看,引起兴趣,积累资料;第二,让学生多想,这是消化资料;第三,如果还不明白,就要问别人;第四,知识理解了,记住了,然后就运用这些知识去做事。"公主最后说:"我相信这些古老的教育方法还有用。"

关于教育,公主有很多真知灼见。比如孩子应不应该严格管理和教育;孩子的教育应该重视什么,等等。公主回忆自己的情况:小时候父母对她要求很严,哥哥姐姐可以不做的事情却要求她必须做,当时她不理解,很生气,也很委屈。但是后来明白了,这样严格要求是对她好。公主还说:"现在有些年轻的父母,不好好儿管孩子,要是他们不想管孩子的话,应该先考虑好,不要孩子。"在谈到孩子的教育应该重视什么的问题时,公主在作业中写道:孩子的教育应该有四个方面:第一个是知识方面,应该学习好;第二个是品德,孩子应该是好人;第三个是运动能力方面,孩子应该锻炼身体,使他们的身体健康;第四个是劳动、艺术和技术能力,孩子应该热爱工作。

除了教育,诗琳通公主还关心各种社会问题,比如妇女问题、儿童问题、老人赡养问题、老年人的婚姻问题,等等。在讨论中国社会问题中的老人赡养和老年人婚姻问题时,公主说:"泰国也有跟中国相似的情况,年轻人缺乏责任感和奉养老人的意识,一些年轻人工作之后,仍然让父母供养他们。有些老人的黄昏恋也常常遭到儿女们的反对,他们考虑的不是父亲或母亲的幸福,而是担心老人再婚以后,别人拿走了家中的钱。"

说到泰国老年人再婚的艰难,公主给我讲了两个例子。第一个是她从报纸上看到的。有一对夫妇,他们都是教授。年轻的时候,他们是同学,感情很深。后来男的去美国留学,并在那里跟一个泰国女人结婚了。女的留在国内,也成了教授,并且一直单身。后来,那位男教授的妻子去世了,于是他跟女教授再谈恋爱。由于他们的社会地位比较高,受到的各种限制也就特别多,直到七八十岁才结婚。公主很惋惜地说:"可惜他们的幸福不长,结婚一年多男教授就去世了。"

第二个例子是别人告诉她的。有一次，公主去参观一个老年之家，那里的人对她说，有一位八十多岁的老头和一位八十多岁的老太太，本来都住在老年之家，他们相爱之后，就悄悄地离开老年之家，到外面租房子居住。公主说："在泰国，很多人反对黄昏恋，他们的理由是，老人应该念经、拜佛，男女的问题，对他们不合适。"公主认为："爱情无量，也没有时间限制，年轻人和老人都可以谈恋爱。"在谈到婚姻中男女年龄差距的问题时，公主说："在泰国，要是年老的男人找年轻的妻子还能被接受，要是年老的女人找年轻的丈夫则被看作是很坏的事情。"关于夫妻的年龄，公主说："我觉得还是老人跟老人结婚比较好。"

诗琳通公主没有结过婚，在安排教学计划的时候，我们曾担心"婚姻、家庭"这一教学单元会不会有所冒犯，所以选择课文的时候，特地回避了青年人的婚恋问题，选择了黄昏恋的内容。其实，我的担心是多余的。在讨论中，无论对青年人的婚恋问题还是对老年人的黄昏恋，公主都坦率地提出自己的看法，并有独到的见解。心态的开朗与健康，态度的坦率与真诚，心地的善良与

诗琳通公主与北京大学老师们合影，右二为张英教授。

纯净，让人由衷地赞叹：公主，就是公主！

写到这儿，话题似乎又回到本文的开头：公主究竟应该是什么样？怎样才是人们心目中的公主？这个问题，也许永远难以找到统一的答案。但是，若就此从童稚的少年到耄耋的老人作一个"立体"问卷调查的话，我相信，漂亮、善良、纯洁、高贵、优雅……将是出现频率最高的一些词。也许，这些可以称之为"公主"的大众化标识。若走近诗琳通公主，你会发现，她的魅力和风采，远不是大众化的标识所能够涵盖的。因此，要真正领略诗琳通公主的魅力和风采，必须走近她！

（作者系原北京大学对外汉语教育学院院长、教授）

勤学笃行的诗琳通公主

王若江

常有人问我，泰国诗琳通公主究竟是个怎样的人？高贵、典雅、博学、多才、平易、善良……但是所有这些似乎还不足以表达十几年来我与公主直接接触中，所产生的具体、生动、深刻的感受。

敏而好思　学而不厌

在具体接触中，公主的聪慧、博学给人以深刻的印象。公主从小接受王室严格的教育，养成了读书、做笔记、写作的习惯，同时不断地给自己提出新的学习科目。在语言方面她学习了英文、法文、德文、拉丁文、梵文、巴利文、中文；在艺术方面诗琳通公主则是著名的泰国传统音乐演奏家、画家。在各科学习中公主都显示出极高的悟性，这和公主深厚的文化素养是分不开的。但是更令我感动的是公主好学敏求的学习精神。

公主在北大留学期间，一般上午是语言学习，下午是艺术课或语言实践，语言实践往往是参观访问。我们口语课的基本思想是根据公主的特定身份，选择公主所要参加的活动为特定场景，以公主所要表达的内容为主线，学习词汇和表达方式；同时提供背景材料，以便扩大谈话的范围，增强谈话的自由度。为此我专门为公主编写了《公主说汉语》教材，比如，第一单元是"会见"，包括与我国中央领导、部长、校长会见等内容，场景就设在具体的会见厅、宴会厅里，调动公主自己的会见经验，进行模拟对话。公主对这种方法非常认同，很乐意做这样的练习，公主会主动地指派角色，"今天你是某部长""今天你是某某副主席",练习得很开心,很愉快。活动后公主讲述活动的过程,我常常发现实际情况与事先准备的材料有很大差距,但是公主都能很好地应对。我们的课程只是一种提示,调动起她头脑中贮存的汉语言知识。公主聪慧过人,在应用中能灵活应对,有效发挥。

诗琳通公主和王若江教授在汉语口语课上。

公主在学习中总是提出各种各样的问题。比如,公主曾经问我:"访问的时候向别人提问,为什么说'请问',它和'请进''请坐'不一样,'进'和'坐'是对方的动作,应该用'请';而'问'是我的动作,为什么用'请'?"公主能提出这样的问题,使我感到意外。因为它涉及了"请"字的传统用法:"请"字后面跟一个动词,它会有两种用法,一是表示尊敬地请对方做某事,如"请进""请坐";一是请求对方允许自己做某事,如"请问"。现在许多中国人对此习焉不察,而公主却敏感地发现了这个问题。

公主求知的欲望极强,不知道、不明白的事情一定要问清楚。在准备访问季羡林先生时,我们先一起读了季老的《年谱》,当读到季老1935年赴德国哥廷根大学,"学习梵文、巴利文、吐火罗文"的时候,公主想具体了解吐火罗文。和季老一见面，公主就迫不及待地请教吐火罗文的知识。季老非常理解公主求知的急切心情，简明扼要地介绍了吐火罗文在新疆发现的情况，并将其与梵文对比，说明异同。季老的回答不仅使公主大致明白了吐火罗文，而且更进一步地引发了公主的求知欲，公主表示一定要去德国看看保存在那里的吐火罗文残卷。

《公主说汉语》是我为公主一个人编写的教材，没有出版，但是它是我和公主一起学习汉语的记录。每当我拿出这本教材时，当年在北大帕卡德公寓的情景就会浮现在眼前。当时在汉语教学法中还没有流行"任务教学法"一说，可是公主确实是在完成一个一个任务的过程中愉快地、快速地提高了汉语水平。

尊师重道　恩泽学子

在与公主接触中，常常能感到她对自己老师的尊重，当讲到生物学方面的知识，她会说小时候的生物学老师如何和她一起到野外爬山，一边游览一边学的经历。公主身兼数职，政务繁忙，但是从1980年在泰国王后的建议下开始学习汉语，一直坚持每周学习两小时，从汉语发音开始，到语言学习、诗歌学习，一直到翻译中国现代作家王蒙、铁凝、池莉的作品等，坚持了几十年。这种学习精神，不是一般人能做到的。其间曾有十几位汉语老师陪伴她一起学习，公主对此都记忆犹新，每年到中国访问时都要宴请所有的汉语老师，见面时总是亲切地一一问候，同时告诉大家她的近况，还将她所翻译的中国文学作品、她的著作、亲手绘制的精美礼品送给老师们。

2010年5月我和汲传波老师到泰国朱拉隆功大学孔子学院培训汉语教师，当时泰国局势比较紧张。然而我没有想到的是5月4日晚，诗琳通公主在萨芭通宫（荷花塘宫）亲切接见了我们，并且设晚宴欢迎。在晚宴上，诗琳通公主谈笑风生，回忆自己学习汉语的经历，介绍自己学习的方法和经验，还对我们在这种紧张的情况下来为泰国教师培训授课表示感谢。受到这样的礼遇,我感动不已。

王若江教授(左一)在萨芭通宫向诗琳通公主赠送书法条幅。

我常常感慨,我们和公主一起学习的时间很短,但是公主却总是记挂着,这种品德、修养、人格,让人由衷地钦佩。

诗琳通公主在泰国非常重视教育工作,特别是解决贫困边远地区中小学、少数民族儿童和残疾人的教育问题。公主每年都多次视察贫困地区的学校,亲自过问学生的学习和生活,还亲自为孩子们做饭。由于边远地区缺老师,公主就要求警察部队派人去做老师,另外通过电视和网络进行教学。公主还从王室经费中拨专款解决贫困地区孩子的早餐问题,她著述所得的稿费,全部用于资助贫困孩子,总计资助的贫困孩子达几千名之多,有的已经读博士了。

公主到中国来,同样非常关心贫困生,在我们学习了希望工程、春蕾计划的材料后,到北京宏志中学参观。宏志中学是2000年改建的招收贫困生的学校。公主对这种办学方式很感兴趣,在访问中详细询问情况:学校怎么确定哪个孩子是贫困生？对贫困生中有问题的孩子怎么教育？如何解决贫困生的自卑情绪？……参观以后，公主委托泰国驻华大使馆代她到宏志中学落实资助一个孩子的全部学习生活费用。2008年汶川地震后，公主亲临灾区，建立了希望小学。

  我的博士生江诗鹏是泰国留学生，他的学习一直得到了公主的关心，特别是2012年他在赶写毕业论文期间患病，不能伏案写作，严重影响了他的情绪，甚至动摇了继续学下去的决心，但是公主给了他极大的鼓励，公主办公室介绍泰国最有名的医生为他治疗。2013年江诗鹏顺利获得博士学位，回到朱拉隆功大学工作。2014年公主还为他主持了婚礼。江诗鹏真是太幸运了，我心中也充满了感激之情。

  从第一次见到诗琳通公主，陪她学习汉语，至今已经14年了，这段难忘的经历让我真切地了解了公主的人格、精神，真正看到了一位现代世界了不起的公主。现在适逢诗琳通公主六十华诞，我衷心地祝愿公主永葆青春！

（作者系北京大学对外汉语教育学院教授）

金玉奇葩

范春明

  1998年，已是知天命的我有幸做了诗琳通公主的第六位中文教员。此前，我的工作游离于翻译和对外汉语教员之间，工作需要我做什么我就做什么，是诗琳通公主让我坚定了做对外汉语教员的方向。虽然我已离退休不远，却觉得在事业上还从没有如此执著过。这一切源于诗琳通公主。我把自己那点儿可怜的汉语言及文化传授给公主，公主则以她博大的胸怀、丰富的知识、天生的聪慧和孜孜不倦的精神，高贵的平实感化着我，改变着我。

  最初给公主上课，我十分紧张。虽然只是周六三个小时的课程，我准备了一个星期。待认为胸有成竹了，周五晚上却失眠了。第二天坐着皇宫派来的车晕晕乎乎来到皇宫，幸亏等候约半个小时，猛喝咖啡，尚能强打精神。

  上课的时间到了，我被领进学习厅立等。只见公主兴致勃勃，夹着一摞书本，笑容可掬地进来，坐下。我则依秘书事先知会，向公主行礼后落座。公主的第一句话立时让我紧张的心松弛了下来。公主说："听说老师的法文很好，我以后上课可以跟老师又学中文，又学法文啦!"我正担心自己不是中文专业而不能胜任呢。公主的话，无疑是告诉我"别担心，至少我还能听老师说说法文"。（其实我的法文一般）一个半小时后，公主说休息一下吧。此时我已被厅内过冷的空调冻得够呛，送上来的冷饮我哪里敢喝。幸亏有热茶，一饮而尽，先暖和暖和再说。不一会儿，公主秘书进来了，他说：公主吩咐把空调温度调高。原来公主上课时就注意到我冷。我连忙说不用，只要公主觉得合适。秘书说："是冷了点儿，才15度。""啊？才15度！难道公主不冷？"我心里疑惑着。

　　公主的确是个既不怕冷，也不怕热的奇人。泰国是个热带国家，一年到头，除了热，很热，就是太热。公主常去农村视察，或参加各种佛事，大都在露天，很少见其擦汗。有次公主请我跟她一起参加某庙宇的落成仪式，即给屋顶上最后一片屋脊鸟兽。那日碧空如洗，骄阳似火，金灿灿的庙堂屋顶越发光芒万丈。我见公主一身传统泰式筒裙，将一鸟兽模样的琉璃瓦通过带有滑轮的绳索徐徐送上屋脊，虽有人撑伞，脸颊仍被烈日烤得红红的，却淡定、庄严，也只有在这个时候，公主那永远甜美的、童真的微笑才有片刻的消失。所有的人都仰视着，我却只看着公主，想着刚才公主向我介绍一种形似小鸟的花朵。眼前的这位公主，正像一朵清新淡雅的奇葩！她清新，却不脆弱；她素雅，却不失高贵。

　　泰国人民视诗琳通公主为国之瑰宝，当之无愧。公主于我，既是崇高的，又是可亲的。崇高得有时让你觉得她是神，可亲得让你觉得我们原本就是朋友。

　　当她走在早已等候的欢迎群众前，接受百姓献上来的一个个茉莉花环时，她是崇高的；当她在烈日下，倾听百姓的汇报，记录着百姓的问题，甚至跪下来跟前排的老者谈话时，她是崇高的；当她发现等候欢迎她的人群中有一妇女，抱着一个似乎骨折的孩子，吩咐即刻送去医院时，她是崇高的；当她给尉军官学校上课，整个礼堂座无虚席，在她进来的一刹那，"哗"地全体起立，向其行军礼时，她是崇高的；当她坐在高高的讲台上，聆听站在台下的总理率政府人和外交使团向她作汇报时，她是崇高的，君临天下的。

　　但是，当她走下来，走到你的身边，跟你谈话时，她是无比亲切的。温柔的语气，恬静的微笑，真诚的眼神，都会使你放下拘谨，真心爱她。她的双眸清澈见底，闪烁着智慧；她的微笑与生俱来，无丝毫做作；她要跟你说话时，总是注视着你，让你不由得就想跟她说点儿什么。

有次上课，公主刚从英国回来。她说："又一次参观了大英博物馆，最初了解中国还是从那里开始的。馆藏中国的东西很多，保存得很好，就放在那儿吧，谁不知道那是中国的呢？"彼时国内媒体不断宣传某某公司或个人高价回购流失海外文物，如何爱国云云。公主的话，不无道理，我却没有鲜明地表示。我心里想的是："抢我们的，应该还给我们，当然我也不赞同高价回购，觉得不如用那些钱做些直接有利于民生的事。"同样，公主认为海峡两岸统一后，保存在台北的原故宫藏品也不必运回大陆，只要台湾方面保护得好。说到八国联军，火烧圆明园；公主说："千万别修复，修复了，那段历史就湮灭了。圆明园既已成遗址，就不要再把它变成公园了。"如今我已年近古稀，再无当年的心高气盛，每每回味公主的这些话，觉得无比智慧，只有站在世界舞台上说话的人才能有如此的气魄。

任何惊天动地的道理，从公主口里出来，都是淡淡的，潺潺如涓涓细流，却沁人心脾，耐人回味。

2003年4月某日晚，我家的电话响了。也许是第六感官的作用，我本能地觉得铃声有些特别，急忙从床上爬起。因为延时，我"喂喂"了好几声，才听到对方的话。原来是公主办公室主任Alaya女士打来的，Alaya用简单的英语告诉我，别离开，公主要跟我说话。我屏住呼吸，静静地等待。只听公主说："范老师，北京有'非典'，你好吗？"我连忙说；"我很好，我和我的家人都没事。"公主说："那就好。"我也简单问候了一下公主，因为我只想听公主说话，不想占用公主的宝贵时间。公主又说："我很忙，事很多。"我说；"请公主保重！"公主向我道再见后就挂了。我拿着话筒，听了一段忙音后，才轻轻放下话筒。公主那温和清晰的话语，关切的语调，久久地在我的耳畔重复。

同年10月，公主想来寒舍。几番周折后，终于成行。

因为我家的确小，又未精装修，颇显简陋。有关部门来人视察，觉得不宜接待公主这样的国宾。与泰国使馆商议能否取消此项活动。泰国大使将情况反馈公主,公主执意要来,说:"我要看我的老师,不是去看她的房子,我不带很多人去她家。"于是泰国大使亲自来我家踩点,感觉尚可。

这天,公主一身普通的海蓝色套装,简单的发型,不施任何脂粉(公主从来如此,因为她不需要刻意修饰自己),随从也精简到只有两人,一位是Alaya女士,一位是公主的挚友马博士。如果不是单位领导上下布置,我的邻居或许都不知道我家来了如此的贵宾!

范春明老师在家中接待诗琳通公主。

公主喜气洋洋来到我家,饶有兴致地参观了我家的每一间房屋,乃至那巴掌大小的阳台,奇怪于我那颗长在花盆里的高大巴西木,几乎占了半个阳台。让我意想不到的是公主还要在我家如厕,我那卫生间不足两平米,虽然我已上下刷洗,并铺上新的防滑垫,摆上小花瓶什么的,但并没有想到公主会用。

公主在我家喝茶,品尝北京小吃。茶只是较好的花茶和绿茶,小吃远没有泰国甜品那么精美。而公主却都喝一点儿,尝一点儿,随和得好像我们是早就熟稔的故人,而她不过是过故人庄,进来坐坐而已。

若干年后，泰国某刊物刊登了公主到访寒舍的照片，一位泰国朋友拿给我看，并说："你家很漂亮啊！"我晓得那多半是恭维。但照片看上去的确还行。那是因为有公主，公主令我家蓬荜生辉！

公主无须豪言壮语，更不会危言耸听。但她讲话时总是妙趣横生，让人忍俊不禁。

有一次公主请大使和一些人吃饭。其中有一道菜是烤乳猪。公主说："做这菜吓坏了我的小狗，它开始时好奇，磨磨蹭蹭地往烤炉前靠近，当见到那小猪在转炉里转时，掉头就跑，准是以为下一个该轮到它了。"

还有一次，也是在席间，那是在普吉岛的香格里拉饭店。晚宴设在饭店的水榭上，微风习习，烛光摇曳，我暗自赞叹这良辰美景。客人不少，却没有谁言语，只听公主道："真是浪漫呀，可我更想看清盘子里的食物！"一句话引来大家的笑声，打破了海面的静谧。彼时，我更想看清楚公主。每次跟公主吃饭，都是一件非常快乐的事。快乐不在于美食，更缘于公主的快乐，公主的诙谐。可惜我不懂泰语，无法更多记录公主的逸闻妙语，因为在许多情况下，公主是用泰语跟她的朋友们说话，我被欢快的气氛感染着，已经很满足，不想打扰邻座的泰国朋友给我翻译，我知道他们也在专心聆听公主的话。只有一次，公主邀我旁听她给尉军官学校上课，我不得不时时向公主的随从询问年轻军官们哄堂大笑的原因。

那是一间非常大的阶梯教室（亦或是一个礼堂），在我和公主的随从进去之前，整个礼堂实际已经座无虚席。我等被安排在前排右角临时摆放的几个沙发椅上。因为都是军人，服装颜色一致，又鸦雀无声，我只感觉后面黑压压的，似入无人之境。及至公主进来，"哗"地全体起立并齐声喊了一句什么，我才意识到这些年轻人可能已经等了许久。

公主讲课比听课显得更洒脱。开始上课了，军官们也显得放松了许多。他们唰唰地记着笔记，时不时地开怀大笑。当时我想，到底是军人，连笑也那么一致。

　　公主的课持续大约一个半小时，因为自己不懂泰语，只能感觉气氛，只觉得公主讲得非常自如，学生们听得专心并快乐。每隔几分钟就有一次豪放的笑声，有时上一次笑声余波未止，不知公主讲了一句什么，紧跟着又是一阵哄堂。坐在我旁边的泰国朋友时不时用英语给我翻译两句，因为自己的英文实在可怜，泰国朋友尽量翻译，我仍不能跟上公主的课。唯有一个情节，至今还能想起。公主说："泰北有些少数民族固守传统，比如已婚女子必须得把头发盘起。所以你们如果看上了哪位姑娘，千万留意一下人家的发型，否则会惹上麻烦。"想来公主的课十分贴近年轻军官们的生活，学生们自然也听得非常开怀。

　　人们为什么那么爱听公主讲话，仅仅因为她的诙谐幽默？因为她是公主？公主并不好为人师，更喜欢做学生。她一点儿不哗众，也不需哗众。人们却总喜欢听她说。她的周围总有许多知己、密友、忘年交、国际友人，这些人能跟公主肝胆相照，甘苦与共，可以为公主做任何事情而不求回报。他们跟公主一样，善良、宽厚、埋头学问、淡泊名利；他们追随着公主，效仿着公主；他们以公主的快乐为快乐，以公主的忧虑为忧虑。他们何以能如此热爱一位并不铁腕的公主？这一切源于公主自身，源于她的真性情，源于她的人格魅力。因为说真话，所以幽默；因为真诚，所以朋友多；她高贵且平实，所以有魅力。

　　作为公主的一任中文教员，与她相处的日子是有限的，而公主给我的感动却是无限的，是我终生受用的。我景仰她，爱戴她，不因为她的高位，恰恰因为她的平常心。像诗琳通公主这样一位在国内外享有盛誉的公主，能有真性情、平常心，如金子般可贵，美玉般高洁。当她请我吃水上船家做的粿条，吃罢亲自掏出钱包，问船家多少钱时，我景仰她；当我们一起坐火车旅行时，她告诉我车上为我们每个人准备的洗漱用品可以带走，并笑着让我看她那份已经装进口袋里时，我爱戴她。她是那么纯真！当我们参观完西湖龙井茶手工制茶车间后厂方向我们推销600元半斤的茶叶，而代表团中却无一人购买（那时茶叶还没有被炒作，600元半斤的明前龙井是其真实的价值）公主自己买了半斤，并说人家介绍了半天，又领我们去参观，很辛苦的，我们无论如何也得买点儿。听了公主的话，泰国大使等也买了一些。这事颇让我感怀，因为当时我在想，厂方太小气了，应该送公主一斤半斤的。回泰国后一次上课，公主对我说，那茶的确很好，物有所值，她准备送给她的妈妈。我越发感慨，我感叹公主的善良，我感叹公主的孝心，更感叹她不居高自傲的平常心。

公主的平实源于她的高贵。质本高洁，再无须作任何装饰；而她的平实更使她高贵。一次上课，公主笑着让我看她的手表，说："是劳力士。"我说："那是名表。"公主又稍有些诡秘地笑着说："假的。朋友在送我的时候就告诉我是假的。香港买的。"我佩服公主朋友的坦诚，更佩服公主不矫饰。在陪公主访问的途中，有时见公主手臂上戴好几个串珠，蓝得、绿的、白的，我还想公主为什么不换着戴。后来才知道都是朋友们旅途中淘来的便宜货，她们送给公主只为好玩儿，公主也欣然接受，并立马戴上。访问中，公主也要买些纪念品送给亲朋，她常常嫌贵。有一次在钓鱼台宾馆的小卖部，她买一条标价280元的领带送给马博士，马博士开玩笑："今天太阳从哪边出来了呀？"我感佩公主与朋友的无间，也喜欢公主的朋友们。正所谓爱屋及乌。他们真心热爱着公主，又是那么尊敬公主。马博士开过玩笑后，依然郑重其事地跪着接受公主的赐予。此举让我更加敬佩他。

如果你以为公主是个抠门的人，那就大错特错了。且不说在大的方面，在教育、农业等有利于民生的投资，在中国遭地震等灾害时，公主的援助，单就资助贫困学生求学方面，受到过公主恩惠的孩子就不计其数，而且很多时候公主是自掏腰包，还告诉对方用的是基金会的钱。公主说，用基金要有标准，经过许多审核，而有的情况特殊又急需。等到基金会审核通过后，那孩子可能已经辍学。告诉他是基金会的钱，他会更安心些。

公主啊，公主，你本金枝玉叶，却是如此地善良、平实，人民怎能不爱你呢！你是上天赐给泰国人民的福祉。你即将进入花甲，我却觉得你一点儿不花甲。有幸做了几年你的中文老师，是我人生旅途中最值得怀念的一程。

此文只是真实记录与公主接触的点点滴滴，无意歌功颂德。因为公主本身就是一首诗，一支曲，她会让人充满激情，让人快乐！

（作者系北京外交人员语言文化中心教师）

可敬可爱的诗琳通公主

韩解况

诗琳通公主殿下是泰国人民尊敬和热爱的公主,也是中国人民熟知和爱戴的公主。长期以来,公主殿下为促进中泰两国的科技文化交流,增进人民的了解和友谊作出了巨大的贡献。

因为工作的关系,我非常荣幸有机会接触公主,和公主一起学习,一起出访,一起参加活动,从而亲身感受到公主的人格魅力、博大的胸怀和崇高的精神境界。

公主殿下是从1980年决定学习中文的。今天看公主的这个决定确实有前瞻性。八十年代初期,汉语在泰国并不像今天这样受到高度重视并被广泛推广,但是诗琳通公主却以独特的战略眼光,高瞻远瞩地预见到泰中关系和泰中友好合作将会不断发展和扩大。语言是文化的载体,也是人类交往和沟通的桥梁,中文一定会在发展泰中两国关系及合作交流中发挥重要作用。实践证明,诗琳通公主这一选择符合历史发展的潮流,同时在泰国产生了极为深远的影响。另外,值得称赞的是,八十年代初,公主在开始学习中文时,就选择了中文简体字,这对在泰国推广汉语普通话,使用中文简体字及汉语拼音起到了有力的推动作用。

三十多年来,身兼数职的诗琳通公主无论公务多么繁忙,对待中文学习从不曾有半点懈怠。公主学习中文的时间是每周六上午九点到十二点。三十多年来,公主不论周五晚上工作到多晚,哪怕是从国外返回泰国,从外府返回曼谷,上课从不间断,从不迟到,也不早退。在学习过程中,公主从来不摆身份，不端架子，不讲特殊，非常平易近人，和蔼可亲。这是公主给我留下的深刻印象，也是我们所有任课老师的共识。我们常常被公主那种持之以恒，锲而不舍，高标准、严要求，一丝不苟、勤奋学习的精神所感动。

诗琳通公主和中国老师合影，左三为韩解况老师。

诗琳通公主对中国古典文学和现代文学都非常感兴趣，曾翻译出版了很多作品，然而在翻译作品中所付出的心血可能是鲜为人知的。中国文学大师巴金是公主喜爱的作家之一。2004年8月25日公主在北京参观中国现代文学馆时得知，同年11月25日是巴金先生100周年诞辰的日子。为了向泰国人民介绍这位知名的作家，表达对巴金的敬意和祝福，公主决定翻译一部巴金的作品，并准备赶在巴金生日前出版。经过挑选公主决定翻译巴金的一篇散文——《爱尔克的灯光》。

可是非常不巧，9月份刚刚动笔翻译，公主却因不小心滑了一跤，造成右臂骨折。由于手臂骨折引起血管和肌肉的损伤，右手明显肿胀，加上裹在腕臂上的绷带，手根本无法握笔写字。公主是一个学习做事很认真的人，不论是著书立说，还是翻译作品，从不让别人代笔，所以我担心这部作品是否还能如期完成。然而，公主并没有因为右小臂骨折而停止学习和工作，她竟然用左手执笔把巴金这部散文作品翻译出来了。事后，公主曾幽默地对我说："没想到，摔了一跤倒学会了用左手写字。"

公主殿下酷爱读书，几乎手不释卷。她的办公室、住所摆放面积最大的物品就是书。从开始学习中文起，她就非常注意搜集、积累中文图书和资料，她出访中国最喜欢去的地方之一就是书店。吉拉达王宫有一个公主私人图书室，里边有大量的中文图书。有的是公主私人购买存阅的，有的是中国领导人和科研院校赠送的，有的是公主朋友送的。这可能是泰国资料最多、最齐全的图书室。这个图书室也收藏了大量泰文、英文、法文、德文等图书，虽然图书室是公主私人的，但王宫工作人员和普通人都可以从图书室查阅书刊和资料。

学习中国语言，研究中国文化使诗琳通公主对中国有着一种特殊的情结。从1981年第一次踏访龙的国土至今，公主先后37次访问中国，走遍神州大地。中国疆域辽阔，作为一个国家的公主，一个重要的王室成员，一位领导人，能像诗琳通公主这样，不畏艰险，不辞辛苦，足迹遍布长城内外，大江南北，并始终以饱满的激情去探索，用一颗真诚的心去感受，在这个世界上我找不到第二位。

公主每次访华，不仅亲自了解中国社会、历史文化，亲身体验中国的风土人情，还把自己的所见所闻整理成书，出版发行，向泰国人民介绍中国，让泰国人民了解中国、认识中国。公主访华，不论到何处参观都要随身携带本和笔，仔细地听、认真地记，而且当天的内容当天整理，不做完不休息，几乎天天如此。至今，公主亲自撰写出版的访华见闻录已有十几部。她的《踏访龙的国土》《平沙万里行》《云雾中的雪花》《江南好》《云南白云下》《清清长江水》《归还中华领土》《走访青藏高原》等作品曾在泰国引起很大反响，甚至很多人追随公主的足迹到中国旅游。

我认为，诗琳通公主殿下能有如此的学习境界，除了公主殿下有超人的毅

诗琳通公主和韩解况老师在青藏铁路列车上。

力外,更多的是公主殿下对祖国和人民具有强烈的使命感和责任感,以及对中华文化这一人类共同财富的无比热爱。

　　诗琳通公主备受人们赞扬的还有她对公益事业和教育事业的奉献精神。长期以来她不仅为泰国的贫困山区建立学校,改善教学条件,资助贫困学生上学,而且还无私地帮助众多的中国贫困学生就学。

　　2001年2月公主在北大进修学习期间,从报纸上了解到北京宏志中学的情况,马上就决定出资帮助学生学习。从2001年到现在,公主对宏志中学的助学活动一直没有停止过。公主每年正式访华都要到北京,只要有时间都会看望历任中国驻泰大使和中文老师,据我所知,除此之外还有北京宏志中学的学生。公主非常挂念这些学生,不仅在经济上帮助他们,而且在学习上、思想上、生活上给以指导和帮助,并且还委托泰国驻华大使馆关照、落实助学项目。新疆、西藏、贵州、广西、四川、陕西等少数民族地区和贫困地区都有公主资助的学生。

2008年5月12日四川省汶川地区发生特大地震，诗琳通公主心急万分，亲自安排泰国有关部门紧急生产1000顶帐篷。由于救灾物资太多，运输一度成了瓶颈，公主又亲自协调空运，使泰国的救援物资及时运抵灾区。随后公主个人又捐赠了1000万人民币帮助四川灾区建立学校。公主曾对我说："新建的学校好看不好看不重要，一定要保证建筑质量，不能再发生砸死孩子们的事情。"在抗震救灾期间，我多次听到公主讲"需要做什么，请告诉我"。

2009年8月，中国国际广播电台、中国对外友协和国家外专局曾举办过一个活动，即采取网络投票方式，评选对中国贡献最大、最受中国人民爱戴或与中国缘分最深的十位国际友人。5600万中国民众参与投票，诗琳通公主高票当选。这不仅是对公主殿下工作业绩的充分肯定，而且也反映出公主在中国人心目中的地位和受欢迎的程度。

诗琳通公主热爱中国，热爱中国人民，深爱中国文化，对中国一往情深，三十多年来从未改变。公主殿下在博览中华大地、感受中华文化同时，也在播撒友谊的种子，开辟友谊的道路。她是一位名副其实的友好使者，她用自己的言行为中泰文化和科技交流作出了实实在在的贡献，为中泰两国间的友好交往起到了不可估量的作用。中国人和泰国人尊敬和爱戴诗琳通公主不是因为她显赫的王室地位，而是她独特的人格魅力，以及为她社会所作的特殊贡献。

2015年4月2日是诗琳通公主殿下六十华诞。按照中国传统的纪年法，六十年为一个甲子，是一个圆满轮回的结束，也是一个新循环的开始。衷心祝福公主殿下六十华诞快乐、健康、平安！

（作者系北京外交人员语言文化中心教师）

感谢有你
——写在诗琳通公主殿下六十华诞之际

朱晓星

从2008年到2013年我担任诗琳通公主殿下的中文老师。能有这样的机会是我的荣幸，从久闻公主大名到相识相知，公主一直用她的言行感动着我，让我了解到这位热情善良的公主是怎样以她的奉献精神，几十年如一日地为她的国家和人民，为中泰两国人民的友谊尽力工作着。

诗琳通公主曾说过："我很高兴中国人民称我是他们的'老朋友'。"这个称呼的确是实至名归的。每当中国发生地震等灾难的时候，诗琳通公主总是最先伸出友谊之手。在2008年5月12日汶川特大地震发生的当天，公主就发出了悼念信，并以个人名义向地震灾区捐款十万元人民币，随后又召集泰国红十字会向四川地震灾区捐赠了一批价值一百万元人民币的救援物资。四川绵阳先锋路小学在汶川大地震中遭到严重损毁。诗琳通公主私人出资1096.5万元将其整体重建。2010年2月17日，这所面积7156.16平方米，可容纳2000名师生的学校全部交付使用。2010年的4月8日，诗琳通公主来到先锋路小学参加竣工典礼。我也有幸随行，亲眼目睹了孩子们满怀感恩、欢呼雀跃地迎接公主的盛况。

诗琳通公主在典礼上用流利的中文说："去年此时这里还是废墟，今天就看到了坚实漂亮的校舍、热情敬业的老师和天真可爱的孩子，我感到非常欣慰。""这所学校是泰中两国人民友谊的结晶，希望孩子们在良好的环境中好好学习天天向上，为泰中友谊添砖加瓦。"学生们则对公主说："现在我们不仅拥有现代化的先进教学设备，还拥有专用的微机室、美术室、音乐室和形体室,太棒了!"典礼结束后,诗琳通公主在孩子们的簇拥下参观学校。她看到四年级的孩子们在学习《三字经》,并饶有兴致地聆听童声诵读。在学习剪纸的教室,诗琳通公主收到孩子们送的礼物——一幅手书"大爱无疆"和孩子们

四川绵阳先锋路诗琳通公主小学新校园。

诗琳通公主为四川绵阳先锋路诗琳通公主小学题词"敦品励学"。

集体签名的字。公主非常高兴,亲手写下"敦品励学"四字回赠给孩子们。参观结束后,诗琳通公主与师生依依惜别,孩子们目送着公主乘坐的汽车远去才离开。

诗琳通公主访问四川绵阳先锋路诗琳通公主小学与校领导及学生合影留念。

更令我感动的是,公主又在2011年和2012年,两度到这所学校来看望师生。有一次,在来学校的前一天,公主特地抽出时间在北京的西单书店为孩子们挑选书籍。她认真地和随行人员商量哪些书更适合孩子们阅读。公主亲力亲为的精神感染了在场的每一个人。当公主参观完学校离开的时候,全校师生一起唱起了《感恩的心》这首歌:

感恩的心感谢有你

伴我一生

让我有勇气做我自己

感恩的心感谢命运

花开花落我一样会珍惜

歌声在学校操场的上空回响，孩子们的眼神真挚动人，这幅画面永久地定格在了我的记忆中。后来为了让孩子们开拓视野、了解不同文化，公主建议先锋路小学和泰国吉拉达王宫学校结成姊妹学校，每年互派学生参加夏令营。这也充分体现了公主做事持之以恒、善始善终的可贵品质。

得知诗琳通公主对两汉文化特别感兴趣，我建议公主有机会去汉代文化名城徐州看看。"明清文化看北京，隋唐文化看西安，两汉文化看徐州"，这是中国文化旅游者的共识。2011年4月4日至5日诗琳通公主殿下访问了江苏省徐州市。从4号晚下飞机，至5号晚离徐，诗琳通公主在徐州逗留了整一天。这一天里，公主兴致勃勃地参观了龟山汉墓、徐州博物馆、汉画像石馆、徐州规划馆、汉文化景区和淮塔纪念馆，几乎是马不停蹄。面对采访，公主全部用中文交流，让人倍感亲切。谈到徐州之行，她表示对徐州倾慕已久。公主告诉记者："我喜欢中国历史。因为徐州有很好的文化，风景也漂亮，有湖、有山，所以我想来这个地方。学习历史如果只看书不会很深刻，我有机会来看真的东西，很高兴。"在徐州期间，每参观完一个景点，公主都会用毛笔题词，"巧夺天工""浩气长存""锦绣彭城""汉世之源"等等，表达了公主对徐州的喜爱之情。

对我个人来说，最令我难忘的是，公主在如此密集的访问行程中，仍拨冗接见了我的父母。那天我的父母特地换上了退休后一直闲置在衣柜里的西服，早早地来到饭店等候。文中的这张照片就是在公主下榻的南湖宾馆的套房中拍摄的。我的父母正在向公主介绍他们送给公主的礼物——徐州汉画像石的拓片和一位篆刻家为公主刻的印章。公主饶有兴致地听取介绍并表示了感谢。为了不让我的父母牵挂，公主特地指着我对他们说："她是很好的老师，你们放心吧。"听到这句话，我的父母特别高兴。我一方面为公主的细心体贴而感动，一方面又为自己的不足而感到羞愧。怕占用公主的休息时间，我的父母只坐了一刻钟左右就告辞了。临别时候，公主又主动提出一起合影。虽然这次会面的时间不长，但公主殿下平易近人、热情友好的态度给我父母留下了深刻的印象。后来这枚印章也成了公主出行的必备之物，每到一地需要题词的时候，公主就取来印章认真地盖上自己的名字。

朱晓星老师（左一）和父母向诗琳通公主赠送礼物。

羊年将至，正值公主六十华诞之际，回首往事，我衷心感谢公主给予了我那么多美好的记忆。我在北京遥祝公主幸福安康，顺心如意！

（作者系北京外交人员语言文化中心教师）

我心目中的诗琳通公主

俞文虹

泰国的诗琳通公主是中国人民的老朋友,她从八十年代开始学习中文,迄今已经三十多年了,用"中国通"来形容她对于汉语和中国社会的深刻了解一点也不为过。作为中国派出的第十三任汉语教师,我有幸来到泰国这个微笑的国度,在这位多才多艺、性格谦和的公主身边度过一段美好的时光,深感荣幸和快乐。

俞文虹老师陪同诗琳通公主出席活动。

公主尽管金枝玉叶，地位尊贵，却和善得如同邻家的大姐，第一次见面，就被她的笑容温暖到了，感觉如沐春风。每当周末的早上，静静地在萨芭通宫等待公主，想着当日的课程和即将开始的谈笑风生，心里总是暖暖的，这样的温暖感觉一直陪伴着我们的中文课。

博学多才的智者

诗琳通公主博学多才，精通英文、法文、德文、梵文、巴利文、中文等多种语言，在音乐、绘画、书法等方面有很深的造诣。不仅获得了历史与文学方面的学位，而且在科技方面学养颇深，知识结构突破了文理科的界限。她对于前沿科技一直保持着高度的热情和关注，尤其对那些有益于国计民生的科技成果，抱有浓厚的兴趣。出国访问的时候，公主喜欢参观与科技有关的产业，一些让人感觉枯燥难懂的专业问题，公主很快就能理解，而且还能提出有创意的想法，充满智慧，让人耳目一新。

公主对南极情有独钟，曾经两次去南极考察。在公主的支持下，两位泰国的女科学家登上了中国的"雪龙"号南极考察船，与中国的科学家携手奔赴南极。公主对遥感技术也非常重视，去年，武汉大学诗琳通遥感中心正式启用，公主亲自参加了揭牌仪式，并饶有兴致地参观了实验室。可以说，中泰合作交流的中的很多印迹，都有诗琳通公主的参与。

公主每天工作到深夜，很少有时间休息，常常让身边的工作人员看着心疼。按公主自己的话说，"我有干不完的工作，有时候忙得忘了呼吸。"可是无论她从国外出访归来，还是身体欠佳的时候，每个周六的早上，她都会准时出现在中文课堂上，神采奕奕，谈笑风生。学习中文已经成为她生活中不可或缺的一部分。作为泰国资深的汉语专家，公主用自己几十年的刻苦努力，为泰国的汉语学习者树立了榜样。

对于教师来说，给公主上课的意义远远超过课程本身，用教学相长来形容远远不能涵盖。学习语言只是一个方面，在课堂上公主会有很多奇思妙想突然冒出来，也会联想到很多问题和老师分享。因为从小受到严格系统的教育，公主学习的时候，完全没有思维的束缚，又因为学养、见识高人一筹，因此总能把一个问题带到更高的层次，一个新的境界。可以想象，作为她的老师，压力山大是必然的。

只要在电视上见过公主的人都知道，公主出门旅行，最经典的装备就是相机、笔记本和圆珠笔，这三件宝贝从不离身。碰到感兴趣的问题随时记录，不论参观景点、学校，还是博物馆，都会专注地记录随行人员的讲解，参观过程中会不停地提出问题，也会不停地拍照。

这些文字记录回国整理出来，就是一部精彩的游记，照片经过整理编排，就可以出版图片摄影集。公主的成果，都是在这些一点一滴的积累中完成的，这就是为什么公主虽然公务繁忙，依然可以著作等身的缘故。

热心悲悯的慈善家

诗琳通公主是一位热心的慈善家，从年轻时候起，就随父母做慈善工作了，致力于改善贫困地区人民的生活，建学校、工厂、医院、红十字会。公主的慈善事业体现在一件件具体的事情上：从帮助孩子培养卫生习惯，到每天喝一杯牛奶；从建立幼儿园，一直到大学；从鼓励村落开发农产品，到亲自建工厂扶植地区产业；从研发新药，到帮助伤残人士找工作，可以说事无巨细，只要利国利民，都在她的心中。

公主对普通百姓的关爱是发自内心的，她努力推动各项慈善工作，希望泰国人民能够过上幸福安康的生活。公主非常重视教育，在她的管理下，由国王创办的吉拉达学校已经发展成为从幼儿园到高三的完整的学制，并且迎来了建校六十周年庆典。公主还开办了技术学校，学生可以学习电脑、电工、汽车修理、烹饪等实用技巧。除此之外，公主还设立奖学金，资助成绩优秀的学生到欧美国家或者中国去留学，关心他们的成长，鼓励他们学有所成，为国家出力。

公主绘画方面的才能给公益活动增添了很多情趣，公主画的卡通小猫、小狗、小兔子经常出现在杯子、毛巾还有T恤衫上，商家售卖这些东西的收入主要用于慈善捐助。为了给红十字筹款，公主拿出自己画的许多可爱的卡通画无偿送给泰国的line公司，用户在手机上下载这些卡通画的费用，都会用于泰国红十字会的慈善活动。

公主的摄影集里面有不少跟着父亲"上山下乡"的镜头，在偏远的山区，依然抱着笔记本，跟在国王身后，低头记录着。给人印象深刻的是泰国水灾的时候，公主在直升机上视察水情航拍的图片，满目都是被淹没的寺庙、工厂、桥梁，大树只剩下一点树冠，像水草一样脆弱。水灾给泰国人民留下了很多伤痛，公主竭尽全力帮助受灾百姓，尤其是灾区的孩子。当听说中国发生地震、水灾的时候，公主也感同身受，及时伸出援助之手，第一时间送出捐助款，表达她对中国人民的殷殷情谊。

至情至性的公主

公主有一次笑着跟我说，曾经出访国外，有小朋友来问她："您怎么不是穿白裙子的呢？"曾经在网络上看到公主年轻时候的一张照片，王室成员出席一个庆祝活动，国王在向窗外欢呼的民众招手，而公主则调皮地躲在父亲后边，拿着相机进行抓拍。这张照片让人不禁想起卞之琳的那首《断章》：

> 你在桥上看风景，
> 看风景的人在楼上看你。
> 明月装饰了你的窗子，
> 你装饰了别人的梦。

后来我把照片和诗句做成课件给公主学习,她很喜欢这首诗的意境,公主从小喜欢绘画,希望她能从这首诗里找到灵感,成就一幅佳作。

谈到公主的真性情,还有一个活动非常有意思,那就是"240岁生日"。公主对待自己的工作人员如同一个大家庭,关心他们孩子的成长,关心他们的个人生活。有一次,有三位工作人员要过60岁生日,公主非常重视,要给她们举行一个大Party,加上前任教师韩老师,这样一共是四个人的240岁生日。

诗琳通公主和俞文虹老师(中)在"240岁生日"晚会上。

生日主题以别出心裁的牛仔形式,到场的亲朋好友一律戴上牛仔帽,系上花花绿绿的牛仔小围巾。公主也是这样的打扮,还特意穿上了牛仔裙装。那天草地上搭上了舞台,张灯结彩,还有各种游艺活动,当然也少不了切蛋糕的重头戏。兴之所至,公主带头唱起了中文歌,有李叔同的《送别》,有王洛宾的《在那遥远的地方》,还有《大海啊故乡》,公主会的中文歌曲可真不少。泰文的乡村歌曲更是有趣,公主和大家一起唱鸟儿咕咕,青蛙呱呱,笑声不断。整个晚上,公主和工作人员一起大声唱歌,一起尽情舞蹈,其乐融融，气氛十分融洽。

　　公主的友善和慈悲是流淌在血液里的，她对中国人民的情谊深厚，正如她在一首诗中所说，希望泰中两国"绵延千秋好"。很幸运地来到公主身边，共同分享中文的美丽，并且能够在公主六十寿辰之际献上一份深深的祝福，衷心祝愿公主永远幸福安康，也能把幸福安康继续带给中泰两国人民，共同谱写中泰两国的"绵延千秋好"。

（作者系北京外交人员语言文化中心教师）

魅力公主诗琳通

裴晓睿

玛哈扎克里·诗琳通是泰王国尊贵的公主。她的尊贵不在于她的崇高地位和与生俱来的荣耀光环,而在于她的人格魅力。她不仅深受泰国人民崇敬,也深受中国人民的爱戴。在促进中泰关系友好发展和科技文化交流方面,她付出了长期的努力,作出了卓越的贡献,起到了无可替代的重要作用。

中国缘

1973年,诗琳通公主代表泰国国王访问瑞典期间参观了斯德哥尔摩远东古文物博物馆(Museum of Far Eastern Antiquities),看到许多中国古代的瓷器,从此萌生了对中国文化的兴趣。在朱拉隆功大学文学院攻读学士学位时,她研读了大量泰文、英文、法文的关于中国的资料。1980年,在诗丽吉王后的建议下,公主开始师从中国大使馆选派的教师学习中文,从此,对中文的爱好一发而不可收。30年来,中国派往泰国专门教授公主中文的教师已经轮换了12位。但因公主公务繁忙,基本上只能在每个星期六上午学习3小时。有时候不在曼谷,还要采取"远程教育"的方式,根据老师留的作业自学。公主曾跟她身边的朋友说:"中文很难学,一是因为开始学习时已经26岁了,脑筋不像十年前那样灵活;二是公务繁忙,学习时断时续;三是没有汉语环境,只有上课时跟老师说汉语,下了课还是说泰语,课上学的就很容易忘记。"虽然如此,公主并没有气馁,她还是倾注全力,不曾有半点懈怠。经过几年不间断地学习之后,公主逐步具备了中文的阅读能力,便开始用中文研习中国文学、文化、艺术、地理和历史。她认为,"要了解中国,不能仅靠西方学者的著作,而应该直接搜集中文资料,这样才能对中国有更加深入的了解。"

公主对中国艺术也情有独钟。在没有专门老师指导的情况下,她以顽强的毅力练习毛笔书法,直练到手腕发肿、疼痛难忍都不肯放弃;她喜欢中国古典音乐,努力学习中国二胡;她根据自己对唐诗意境的理解,画出了多幅体现诗词意境的水墨画。

除了学习书本知识,她还特别重视实地考察。从1981年初次访华开始,到2004年时已走遍了中国内地每一个省份和直辖市。2004年之后,公主仍然坚持年年来访。她说:"我没有看到的还有很多。"几乎每次访问回国之后,她都要向泰国人民推出一套录像资料或者出版一部厚厚的访华纪实。她的《踏访龙的国土》《平沙万里行》《雾凇》(曾译《云雾中的雪花》)《云南白云下》《江上风情》《归还中华领土》等在泰国成为长期畅销书。这些书籍不只是为泰国人了解中国提供了详细的、权威性的资料,还在泰国掀起了"追随公主的足迹到中国旅游"的热潮。公主每年的访华路线很快就成为泰国人向往的旅游热线。泰中两国人民之间的交往和了解随之日益加深。

留学生

公主认为:"文化交流是一个普遍现象,不同文化的民族要互相了解,首先要了解对方的文化。泰中两国文化的交融正反映了泰中两国的友好关系。"为了深入了解中国文化,她二十余年不间断地努力学习中文。为了突破听说障碍,使自己的汉语表达能力有一个大的飞跃,公主于2001年2月14日至3月15日来到北京大学集中研修中国语言文化。研修期间,公主完全以一个留学生的身份,求知若渴,每天上课和参加各类教学实践活动。这些活动涉及多种学科领域:语言、文学、艺术、音乐、体育、教育、宗教、建筑、医学、社会学、信息工程、生物工程、国际政治等。令人惊叹的是,她几乎对所有的学科领域都有相当多的了解。她总是全神贯注地听取讲解、认认真真地做笔记、兴致勃勃地提出问题并发表自己的见解。一个记录本、一支圆珠笔、一个陈旧到褪色的黑色皮手袋是她随身携带的"三宝"。随时记笔记是她标志性的习惯。说来不可思议，在北大学习的30天中她竟然用完了8支圆珠笔！这在所有的师生中恐怕是绝无仅有的记录！其勤奋程度令人叹为观止。经过一个月密集的教学，公主圆满完成了既定计划。学习过程中她所表现出来的虚怀若谷的风范、实事求是的态度、勤恳努力的学风、博学多识的素养、举重若轻的气度、永不言败的精神，令所有的授课教师和接待人员赞叹不已。

记得公主来北大的第一天，就勇敢地用不太熟练的汉语在欢迎宴会上发表致词，赢来满堂掌声。这也令受命教授公主汉语课的老师们一下子有了信心。事后，大家称赞公主敢于开口的勇气，并鼓励公主说："学外语只要敢开口就成功了一半。"公主说："我敢！如果不敢说，别人就不知道我错在哪里。"多么平和的心态，多么坦荡的胸怀，多么明智的思想！对于一般人来说，在大庭广众之下暴露自己的不足尚且有所顾忌，何况她是尊贵的公主，是泰国万民景仰的偶像呢！

在接下来的一个月中，公主的学习和各种活动安排得满满当当。她每天6点准时起床，然后沿未名湖跑步、在湖畔学打太极拳。上午上语言课，下午上文化艺术类课程，或者通过参观、座谈，实习语言课所学内容，晚上还往往有会见、参观、看演出等。待一切活动结束之后，公主回到自己的房间还要做作业、预习第二天的功课。她经常会忙到深夜或凌晨一两点钟。但不论多晚，第二天仍然按时起床下楼跑步，开始新一天的学生生活。

公主的日记清楚地记述了这种状况。2001年3月5日，白天学习一天之后，晚上又去北京展览馆参观"国家863计划十五周年成就展"。回来后，公主的日记里写道："今天又记日记又做中文作业，幸运的是老师今天留的作业比较少。哦，还没有练乐器、练书法呢……问题来了！那就是我什么都想看、都想知道，可没有时间做，脑子也不够用。"这篇日记里的话，真切地反映了公主求知若渴的心情、忙碌异常的状况和时间上的矛盾。

尽管如此劳累，公主却始终神采奕奕，非常开心。这就是坚强乐观、吃苦耐劳的诗琳通公主！公主回国后出版了一本书，记载这段不寻常的留学经历，泰文书名就叫《我当留学生》。《我当留学生》，有一点幽默，有一点调侃，又透露着享受学生生活的轻松和喜悦。因为公主初到北大时曾经半开玩笑地说："现在泰国很多人都出国留学，可是我还没有当过留学生呢！现在我终于当上留学生了！"笑谈中包含着由衷的快乐和夙愿得偿的满足。如果有幸拜读公主的这本书和北大教师及接待人员撰写的《泰王国诗琳通公主在北大研修中国文化纪行》（两种书都各有中泰文版本），相信谁都会为公主的品格魅力深深地感动和吸引。这两本书中非常详细地记录了公主在北大学习生活的点点滴滴，以及北大老师和接待人员充满钦佩和热爱之情的深情回忆，是绝对真实、可信的一段历史记载，它会令读者走近诗琳通公主，从一个个平凡的事例中了解一位当代公主的平民心态和伟人品格。

公主一个月的留学生活很快结束了，在送别公主的宴会上，北大泰国研究所向公主呈献了一首赠别诗，以铭记这一中泰关系史上的千秋佳话：

未名湖畔柳

一岁一荣华

今春添玉叶

根生泰王家

辛勤著文章

临窗习书画

闻鸡舞太极

弄琴向博雅

赠别柳一枝

依依到天涯

中泰亲缘深

千秋传佳话

鉴于公主深厚的中文造诣和长期以来为中泰友好和文化交流作出的杰出贡献，北京大学于2001年3月13日授予诗琳通公主荣誉博士学位。公主在学位授予仪式上致答辞时说："今天的社会正在发生着日新月异的变化，国际交流日益频繁，北京大学的国际声望越来越高，在这样的时期我能到北京大学学习并获得荣誉博士学位，这对我是极大的鼓励和鞭策，今后我不仅要为泰中交流多作贡献，还要为推动世界发展、人类文化进步做更多的工作。"

诗琳通公主是这样说的，也是这样做的。她对中泰文化教育交流十分重视，她自己在这方面堪称楷模。为了表彰公主长期以来在学习中文和促进中泰友好方面的杰出贡献，早在2000年3月17日，中国教育部就向诗琳通公主颁发了"中国语言文化友谊奖"，这个奖对于公主是名至实归，当之无愧。

学者风范

诗琳通公主是一位勤奋的学者。她的知识面和研究领域非常之广，学术视域十分开阔。她拥有文学学士，历史学、东方古文字学硕士，教育学博士学位；她的外语知识和能力同样令人钦佩。虽然如公主自己所说，在来北京大学之前，她没有在任何国家留过学，但她却熟谙法语、英语、汉语、梵语、巴利语，还懂得柬埔寨语、德语。她的身份决定了她不可能像其他泰国人那样用几年的时间到国外留学。她的外语知识大都是在国内工作之余见缝插针、持之以恒地多年努力学习所得，因而尤其难能可贵。她翻译了多部汉语、法语、德语作品，例如：王蒙的《蝴蝶》（1994、1995、1996年4次印刷，计32000册）、方方的《行云流水》（1996、1997年2次印刷，计40000册）、唐诗宋词选《漱玉集》（又译《诗琳琅》）、巴金等中国现当代作家的短篇小说多篇、法文诗《静观集》、德文短篇小说《白蚁》等。她在《漱玉集》序言中说："每个国家、民族的诗歌都是各国民族思想感情和智慧的结晶，是传承不尽的智慧宝藏。各种不同的文化虽然各具特色，但却有共同的心语，用心去接触沟通，没有什么可以阻挡。我喜欢中国的诗和其他语言的诗歌中关于清心寡欲、游历美丽无垠的自然风光以及自强自立的内容，那是某些时代的时尚主题。"公主用所学汉语从事中国学的多学科研究，如文学、艺术、佛教、哲学、社会生活、地理、历史等，并有多种著述问世。她还为泰国帕尊拉宗告军官学校编写了《中国历史讲义》，并亲自授课。公主的作品《顽皮透顶的盖珥》《淘气的盖珥》被翻译成中文在中国出版，公主为这两本书的中文版用中文写了序言，同时写了"致中国青少年的一封信"。1995年为庆祝中泰建交20周年，为《人民日报》撰写了文章《我和中国》，《人民日报》刊登之后，泰国中文报《星暹日报》又进行了转载。

《踏访龙的国土》《平沙万里行》《雾凇》《云南白云下》《江上风情》《归还中华领土》等虽以纪实文学的形式写成，其内容却具有一定的学术价值。书中写到的许多资料都可作为学术依据。例如附录中的"中国历代王朝表""丝绸之路述略""满族八旗编制""八旗服饰图""古今中国统治区域概览""文房四宝"等。公主的研究和论述使泰国学者长期以来在翻译相关内容时出现的混乱从此得以纠正。

诗琳通公主翻译的唐诗宋词，内容和意蕴都把握得相当准确，有的诗句在语言艺术上亦做到了炉火纯青。特别是李清照的"声声慢"，那一句"寻寻觅觅 冷冷清清 凄凄惨惨戚戚"被公主以泰语选词译出："kun kun ha ha ngiep ngiep ngao ngao sok sok sao sao tromtrom"，既达意又传神，且音韵和谐，琅琅上口，读来如珠落玉盘，堪称神来妙笔！

公主对待翻译的态度可谓严谨至极。《顽皮透顶的盖珥》（Kaew

Chomkaen)被翻译成中文的过程中,译者(时任中国驻泰使馆文化参赞郭宣颖和公主汉语老师张砚秋教授)就书中涉及的内容请教公主。意想不到的是,竟得到公主不遗余力的热情帮助并为该书中文版作序。序言中公主写到:"翻译时有些地方(译者)不清楚,我就给他解释,比如芒果有哪些种类,找来给他看;书中提到的泰国食品做给他品尝;书中提到的电影《鬼妻》送到大使馆给他看;教他玩'抓子儿'游戏。参赞学会了就试着跟其他使馆的官员一起玩儿,(中国)大使看了觉得很奇怪,但也不说什么,认为那也是了解泰国文化的途径。"这本书由上海出版社出版后,得到中国青少年的喜爱。电视台还专门为此做了一期少儿节目。

公主热心学术研究,从一开始接触中文,就搜集、积累中文图书和资料,现在公主的私人图书馆已经成为全泰国收藏中文图书数量最多、质量最高、资料最全的地方。除了直接研究这些中文著作之外,公主还不耻下问,经常向一些饱学之士请教,对汉学进行系统的、不间断的研究。此外,她还热心支持学术研究机构,经常出席重大国际、国内学术会议。她在朱拉隆功大学设立诗琳通语言中心,把泰国法政大学东亚研究所的中国研究中心纳为诗琳通公主赞助的学术机构。2007年北京大学准备成立"诗琳通语言文化交流中心"作为公主50华诞的礼物。公主则建议改为"诗琳通中泰科技文化交流中心",加上了"科技"和"中泰"两词。这表明了公主的学术眼光越来越开阔,对中泰之间学术交流的期许不断提高,当她了解到中国科技领域的领先项目后,希望把这些先进科学技术引入泰国。这也表明了公主始终以严谨、认真的态度对待学术事业,既然这个中心从事的是中泰之间的学术交流,那就应该加上"中泰"二字,实事求是。

才艺兼备

诗琳通公主的多才多艺是尽人皆知的。

她兼具作家和诗人的禀赋。她的泰文儿童文学作品《顽皮透顶的盖珥》1983年被译成中文在中国出版；1984年和1985年中国的《儿童文学》刊载了她的中译法文诗《跟随父亲的脚步》《山区冬天的早晨》《困惑》《猫头鹰》《归来》《时光在流逝》《野花》《蜘蛛》。

诗琳通公主是一位摄影家。她曾于2007年举办了两次摄影展，出版了两本摄影集。作品全部是在中国参观访问时拍摄的。一次是在北京与中国摄影家丽塔合办，中英文题名"两段旅程，同一目标"，泰文题名"摄影百帧，连接泰中之心"；另一次在曼谷举办，题名"光即色，色即光"，收集了公主1981年至2007年历次访华的摄影作品。两次摄影展内容十分丰富：既有气势磅礴、令人震撼的峻岭名川大漠飞瀑，也有古朴自然的历史遗迹和精美绝伦的现代艺术；既有肩背口袋、满脸沧桑、笑容灿烂的老农，也有天真烂漫、围圈儿嬉戏的儿童；既有佛殿庄严肃穆的神佛塑像，也有小河流水船上人家；既有奋力摇橹的三峡船夫、也有原生态的黑衣壮族歌舞；此外，还有色彩斑斓的游鱼、题名《只许捉不许吃》的船头鱼鹰、《大力士水牛》《偷偷打盹的懒猫》《静候骑者的骆驼》以及《现代博物馆的书桌》《"大哥大"的组件》《粗壮的胡杨》……都被公主摄入镜头。每一幅作品都是以艺术家对生活的细心体察，对自然之美的热情咏叹。

在"光即色，色即光"的序言中，公主谦虚地说："我从没学过摄影，没用过职业摄影师使用的相机，更没有机会好好儿选取镜头，因为总有很多人挡住我想拍摄的风景、人或物。还有，我有做笔记的习惯，以便为写书和写日记收集资料，拍照的事就由他人代劳。虽然如此，我所拍到的照片还是有不少别人没有、甚至从未见过的，因此，受到参观者得关注。"实际上，两部摄影集中的作品不仅体现了公主对社会、对人群、对历史、对自然的热爱和独具慧眼的观察视角，同时也体现了她深厚的艺术修养、幽默的情趣以及娴熟的摄影技巧。

公主还是一位音乐天才。在大学时期就是朱拉隆功大学学生民乐团的主力。她可以演奏各种泰国乐器，还经常在演出活动中一展歌喉。有时是自拉自唱，与民同乐；有时演奏给国王和王后听，以娱圣颜。

公主还擅长勾勒卡通画。一只眼睛会说话的顽皮小象，一峰昂首闭目、悠然自得的骄傲的骆驼，一匹奋蹄飞奔的白马，*Looking Forward to See Someone* 中凶恶的老鹰和惊恐的小猫，憨憨的胖丫和紧随其后的可爱的小贵族犬等等，简直惟妙惟肖，令人忍俊不禁。每到新年，她还会画一个生肖图，慈善机构就把它印在各种实用物品诸如茶杯、毛巾、笔记本上销售，在市场上极受欢迎，所得收入则用于慈善事业。

社会活动家

诗琳通公主还是一位了不起的社会活动家。她聪慧过人，心地善良，热爱国家和宗教，且才干出众。她一身兼任多个职务，每日都承担着繁重的王室活动和社会活动。她常常要代替国王出席各种重要仪式和会议；担任泰国红十字会常务副会长和会长已逾30年；领导着多个社会团体和基金会；致力于教育、文化、社会福利、环境保护、医疗卫生和慈善事业。从大学时期开始，公主就追随普密蓬国王和诗丽吉王后经常深入民间，了解人民疾苦，制定发展计划，帮助当地人民解决困难，提高生活水平和质量。泰国的贫困地区处处留下了她的足迹。她定期去农村学校检查发展计划的落实情况，亲自挥动锅铲给孩子们做大锅饭，还要一勺勺地盛到每个孩子的盘里。她的朴实作风和亲民形象在泰国人心目中留下了不可磨灭的印象。

诗琳通公主不仅关心泰国的慈善和教育事业，对中国的慈善和教育事业同样放在心上。2001年她参观北京的宏志中学后，马上表示要捐助一个宏志中学学生读书直至大学；2008年汶川地震后，她捐款整体重建了四川绵阳先锋路小学，向学校赠送了大批书籍，还亲笔题写"敦品励学"，勉励学生健康成长；

对中国高校众多的泰国语言文化专业和泰学研究机构从师资、图书和资金等方面给予实实在在的支持。中国的泰语教学和研究近年发展迅速，其中也有公主的心血。

国务活动家

诗琳通公主还是著名的国务活动家。

泰国国王已经多年不再出国访问。诗琳通公主常常以国王代表身份出访，有时则是去国外接受授予她的各种荣誉称号和学衔。每次出访她都不辱使命，在国际上获得一致赞誉。为表彰她为人类和平和进步事业作出的杰出贡献，韩国、德国、尼泊尔、西班牙、法国、老挝等多个国家向她颁发勋章。中国更是授予她多种荣誉称号。在泰国国内，她所承担的王室外交活动也非常频繁，为泰国的对外交往作出了重要贡献。

在国家关系和民族事务问题上她一向旗帜鲜明，实事求是，从不回避问题。对中国的友好情感更是发自内心，对中泰悠久的交往历史以及现实国家关系的重要性有着非常客观的认知。她说："泰国有接受中国文化和其他外国文化的传统，善于把外国文化融入到自己的文化当中。中国文化早已成为泰国生活的一部分。泰国人没有把中国人当作外国人看待。以前，外国人如西方人、印度人都必须按照规定居住在划定的区域内，而中国人却可以和泰国人混住在一起。""华人在泰国没有被当作外国人看待，他们享有和泰国人一样的权利。泰国的总理很多都是华裔。他们有华人血统，但他们是泰国人。" 事实上，公主大学时的朋友很多是泰国华裔子弟。他们的出色学习成绩深得公主的赞赏。公主说："华人家庭非常重视子女教育。尽力给他们提供读书的机会，这样做很对。"

每年春节，曼谷的唐人街总要热热闹闹地举办庆祝活动，诗琳通公主也总是欣然应邀出席，与华人和泰人一起欢度春节，近年来几乎已成惯例。公主对待泰国华人和所有其他少数族群不但毫无偏见，反而重视有加，充分体现了公主和王室在民族事务问题上的高瞻远瞩和博大胸襟，也为泰国国内的民族团结，为密切泰国与周边国家的关系起到了不可替代的作用。

"心中最可爱的人"

鉴于诗琳通公主长期以来为中泰友谊合作及学术文化交流作出的卓越贡献，中国政府和人民、高等院校、民间外交机构等陆续授予公主多种荣誉称号(不完全统计)：

2000年，中国教育部授予诗琳通公主"中国语言文化友谊奖"；

2001年，中国作家协会中华文学基金会授予诗琳通公主"理解与友谊国际文学奖"；北京大学授予诗琳通公主名誉博士称号；

2004年，中国人民对外友好协会授予诗琳通公主"人民友好使者"称号；

2006年，厦门大学、广西民族大学、广东外语外贸大学、华南农业大学、浙江大学、汕头大学、厦门华侨大学分别授予诗琳通公主名誉教授称号；

2007年，北京外国语大学授予诗琳通公主诗琳通语言文化学院荣誉院长称号；复旦大学授予诗琳通公主名誉教授称号；

2008年，哈尔滨工业大学授予诗琳通公主名誉教授称号；

2009年，中国5600多万人次网友投票，评选百年来对中国贡献最大、受中国人民爱戴或与中国缘分最深的国际友人，诗琳通公主获选"中国缘·十大国际友人奖"；

2011年，重庆西南大学、四川大学、成都大学分别授予诗琳通公主名誉教授称号；

诗琳通公主在中国的影响和受欢迎的程度由此可见一斑。

泰国人总是充满自豪地用"我们的帕泰公主"（Phrathep khong rao）称呼诗琳通。一个为诗琳通公主成立的慈善基金会以"泰人心中最可爱的人"

（Saijai Thai）命名。

诗琳通公主的魅力是独特的。她的高贵寓于谦恭，她的善良寓于慈悲，她的勇敢寓于明智，她的聪慧寓于好学，她的博识寓于刻苦，她的才干寓于勤奋，她的博爱寓于宽容。她不但是泰国人民心目中"最可爱的人"，也是中国人民和所有了解她的国际友人所仰慕的"可敬可爱的人"。

（作者系北京大学外国语学院教授）

诗琳通公主是学习中国书法的榜样

张振国

诗琳通公主酷爱中国文化，其中包括中国书法。2001年她在北京大学留学期间，学校安排我教授公主书法。在这期间，公主给我留下了两点十分深刻的印象：一是好学，二是聪颖。

我在讲课时公主听得十分认真，而且把我讲的每句话都记在笔记本上，不明白的地方还请我再讲一遍。两节课中间不休息，但她毫无倦意，始终对我所讲的内容抱有很大的兴趣。第一次上课时我给她带去文房四宝，以后，每次上课前她便把笔墨纸砚整齐地摆放在桌上，等着我来上课。然后她将课下练的字拿给我看。值得一提的是，公主的这些作业是写在旧报纸上的。我曾经给她带

诗琳通公主和张振国教授在书法课上。

去了不少宣纸，我问她为什么不在宣纸上写，她说："用宣纸练字太可惜了，这些旧报纸练字也很好。"我为公主这种惜物精神而感动。

有一次，我给她写了"学无止境"四个字，并将意思解释给她听，她听了以后十分高兴，并说："我有很多东西要学，时间太短了，我要努力学。"公主对中国书法有着浓厚的兴趣，有一次在北大大讲堂看文艺演出之前，她看见我便走过来，利用短暂的时间询问一些关于书法的事情。在最后一次上课结束时，她问我："你八月份在北大吗？我回答："在。"她说："我八月还来，还要学书法。"公主的这种好学精神和对中国书法的热爱确实给我留下了深刻的印象。

张振国教授（左）向诗琳通公主赠送印章。

第二个深刻的印象是公主的聪颖。大家知道学书法是很吃功夫的，对于一个外国人来说，学习中国书法就更加困难。学习书法要先从楷书学起，学楷书一般要先学"永"字八法。"永"字八法是指"永"字中所包含的中国书法中最基本的八个笔画的写法。因此，我先教公主"永"字八法。首先我讲到"永"字上边的一点，我说，通常这叫做"点"，但在书法上的专门术语叫

"侧"，即这一点的意象如高山坠石侧然而下。我讲到这时，公主接话说："这样就显得很有力量。"我当时为公主的悟性而惊奇。我说："你讲得很对，叫'点'，就像一个点静止地躺在那里，叫'侧'就能想象出一种动感，就像你说的有种力量。"公主听后，会意地笑了。我在教公主一笔一画时，她总是能很快地掌握运笔的提按方法。没有多长时间，她基本上掌握了"永"字八法的写法。在此基础上，她还学会写"天人合一""忍""佛"以及自己的名字等。有一次公主让我教她写"汉室之光"四个字。我问为什么要写这四个字，她告诉我，是她姑姑嘱咐让她写的，因为祖母告诉姑姑说，祖母身上有汉族血统。我听后不由心想：真是中泰一家亲啊！

在将离开北大时，公主还较熟练地为北大写了"民主科学"，为勺园写了"勺园美食"，为泰国驻华使馆写了"励精图治"等条幅。在这样短的时间里，公主能取得如此大的成绩，真是出乎我的意料。关于书法，公主还谈过一点很有哲理性的体会："我感到中国的书法和中国的太极拳、音乐是相通的，能够使人安静下来。"她说，当她心情急躁时，一练书法就能静下来。公主的这一体会，正应了中国的一句古语："能移人情乃为书之至极。"

公主对中国书法执着的学习精神以及对中国书法的深刻领悟，确实令人赞叹！

（作者系北京大学国际关系学院教授）

心愿心语

傅增有

诗琳通公主博才多学，深爱中国文化。2001年2月14日，诗琳通公主到北京大学研修中国语言文化一个月，北京大学师生热烈欢迎诗琳通公主到北大来。泰国敬仰的公主到中国来学习汉语和中国文化是中泰关系史没有过的大事，根据学校安排，我有幸参与公主研修的有关教学和文化参观活动，近距离接触公主，获益良深。

虚怀若谷

3月9日，公主汉语口语课要安排一次有关泰国文化教育方面的口语会话活动。学校安排我带领泰语专业的四位学生，参加这次口语教学活动。我们都感到非常荣幸能与公主一起座谈泰国文化教育问题，但心里也有些紧张。

我事先准备了20个相关问题作为口语会话练习的题目。上课时，我们和公主围着圆桌而坐，公主拿出泰国糕点给我们吃。"这是泰国糕点小吃，请你们尝尝。"公主微笑着说："今天你们做老师，我做学生。"没想到泰国公主这样和蔼可亲，虚怀若谷，让我们原来紧张的心情一下子就放松了。

我向公主报告说："我们准备了20个有关题目进行会话练习，我和四个学生分别用汉语提问，请公主用汉语回答。"公主十分自信地大声说："我可以回答。"

我们问公主学习汉语的原因，公主说："是我妈妈让我学习汉语的，我爸爸让我请中国大使馆帮忙邀请中国老师来教汉语。中国大使联系请北京大学张砚秋教授到曼谷，教我学习汉语。"1980年公主开始学习汉语，且学习汉语拼音和汉语简体字，非常具有远见，促进泰国出现了汉语学习热。

诗琳通公主与傅增有教授（左三）及泰语专业学生在汉语口语课上。

1975年中泰建交以后，中泰两国友好关系不断发展，两国文化交流不断扩大。这是中泰两国政府和人民共同努力的结果，也与泰国王室的重视与倡导分不开，尤其是诗琳通公主为泰中友好做了大量的工作，为发展泰中友好关系作出了杰出的贡献。公主非常关心泰国华文教育，在2001年春节期间，诗琳通公主亲往泰国培英华文学校视察，极大地鼓舞了泰国华文教师，促进了华文教育的发展。

当我们请公主谈谈当前泰国中文教育时，公主略显激动地说："现在泰国学习中文的人很多，父母都希望自己的孩子能够学习中文。但缺少老师，很多孩子想学中文，很想请中国老师教他们。"公主谈到这个问题时，话语中充满了焦急和忧虑，表现出对泰中文化交流，对泰国华文教育的极大关心。

诗琳通公主认为，中学很重要，现在泰国中学缺少中文教师，是一个值得注意的问题。突然，公主提出了一个我们意想不到的建议，诗琳通公主说："我想以后是否可以请学习师范教育的中国学生去泰国半年一年，去教书，教泰国孩子学中文。"听了公主这个大胆建议,我们兴奋地笑了起来。公主是多么关心华文教育啊!我想这是一个不错的想法,如果有关领导能加以考虑,得以实施,可以解决华文教师缺乏的问题,满足泰国青少年学习中文的要求。在公主的倡导下,以及泰国教育部和中国教育部的支持下,2005年中国国家汉办开始选派汉语教师志愿者到泰国中小学任教,教授泰国学生学习汉语,极大地推动了泰国华文教育的发展,促进了中泰文化的交流。

热忱关心

诗琳通公主非常关心泰中文化交流,关心中国的泰语教育与研究。1991年和2000年公主三次访问北京大学,就曾两次参观北大泰国语言文化专业的课堂教学,与泰语专业师生交谈,并欣然用毛笔写下"北京大学泰国研究所",为泰国研究所题写了所名。

在这次会话课上,诗琳通公主多次提到北大泰国语言文化专业,关心泰国语言文化专业的发展。公主走到一张堆满泰文书籍的桌子旁,对我说:"我有很多关于泰国的书,有关于妇女的、泰国文化的,还有关于华人的,这些书是很好的资料。我回国时,把这些书送给泰语专业,会对你们有用。"我们非常感谢公主对泰语专业的厚爱,前两次访问北大时,诗琳通公主曾赠送图书给泰语专业。这次公主又把她自己使用过的图书资料送给泰语专业。公主送书给我们,对于我们来说是最好的礼物,是最珍贵的礼物。因为我们从事泰国语言文化的教学与研究,缺少的就是泰文图书资料。

我向公主介绍参加今天座谈的泰语专业学生,今年已经三年级了,明年将要毕业时,公主笑着说:"我知道,我听过他们上课,那时他们是一年级。"更令我吃惊的事情是,公主竟知道北大泰语专业有几位老师,还说出了我们每个人的名字。诗琳通公主慢慢地说:"泰语专业有四位老师,有傅老师,今天来了。还有裴老师、任老师、薄老师。"作为泰国公主,一位女王储,连北大几个普通老师的名字都记住了，我想这不仅说明了公主平易近人的品德，而且也正是公主魅力所在。我记得在欢迎公主的宴会上，北大校长许智宏致辞说诗琳通公主不仅是泰国人民的公主，也是中国人民的公主。校长的话也代表了我们的心声。

在会话课将要结束时，依照泰国人的习俗，诗琳通公主亲切地对学生们说："我的年纪比你们大，可以祝福你们。祝你们学习进步，全家幸福。毕业以后，工作进步，为国家作贡献，为社会作贡献。"公主说这些话时，目光里充满了慈爱和希望，使人感到在你面前的不是高贵的公主，而是一位慈祥的长者，在对晚辈进行谆谆教导。我记得1991年和2000年公主参观北大时，也向学生讲了话，希望同学们努力学习。这次与前两次所不同的是以前公主用泰语讲，而这次是用汉语。公主的这些友好的话语和美好祝福会永远留在北大师生的心中。

诗琳通公主与傅增有教授交谈。

"来，我们一起照张相吧。"在我们要向公主告辞时，公主招呼我们一起合影留念。据我所知，诗琳通公主很少主动要求和别人合影的。可能今天的汉语口语课使公主很开心，也可能今天公主感到自己能用中文座谈，因取得好成绩而高兴。公主的随行人员为我们和公主照了三张照片，记录下这次不平凡的泰国文化座谈和汉语口语课。

我们走出公主的房间，夕阳下，未名湖畔的垂柳刚刚绽出淡绿，我们的心情像徐徐飘过的春风一样轻松。我问王若江教授："今天的口语练习课怎么样？"王老师满意地说："不错，公主说得真不错。公主能连续说一个半小时，进步真大。"我也想起公主刚才说："以后还来北大，到北大来学习生物，学习科学学科。"我们从心里祝福中泰文化交流不断发展，同时期待着公主再次来北大研修学习。

勤奋好学

诗琳通公主在北大学习期间的星期六和星期日，也没有休息，主要进行名胜古迹参观访问活动。我有幸多次随同公主进行参观访问，包括慕田峪长城、潭柘寺、八大处、世纪坛等。一次，我陪同公主去慕田峪长城参观，公主不时地拍照和记录讲解员的介绍，还向讲解员问一些问题。其中问道："长城城墙为什么是一边高一边低？"陪同人员解释说："低矮的一边是里边，高的一边

傅增有教授陪同诗琳通公主买书。

是长城的外边，是为了抵抗进攻之敌人而用，所以城墙要高一些。"耳闻目睹公主这种认真好学的精神，使我们这些随行陪同人员都深受教育。

诗琳通公主最喜欢去的另一个地方就是书店，在北大的一个月里仅我就陪公主去过两次书店，去看书买书，这充分展现了公主勤奋好学以及对中国文化的浓厚兴趣。记得有一次，公主在书店里，如同以往一样买了几箱汉语书。又在自然科学、地理和英语书架前，停留很长时间。她拿起书翻看挑选着，最后选购了一批有关自然、地理和英语方面的书籍。望着我充满疑惑的表情，公主微笑着说，这些书是她给吉拉达学校的学生买的。我顿时明白了，公主不仅自己刻苦好学，在她那善良的心中还时刻关心着泰国孩子的学习和成长。

学习楷模

诗琳通公主在北大学习课程广泛，不仅学习汉语，还学习中国书法、中国乐器和中国画等文化课。公主还到教室，和中国学生一起去听国际政治系教授上课。公主和北大普通学生一样要求自己，认真上课，按时完成作业。一个星期六，我随同公主去参观潭柘寺、八大处等佛寺。爬山过岭，回到北大已经下午3点了，大家都感到有些疲劳。我说公主可以休息一下了，公主微笑着说："我的作业还没有完成，我还不能休息。"贵为公主，如此严格要求自己，怎能不令人敬仰！

公主在北大学习日子里，有无数的感人事例。我们有幸走近公主，目睹她的风采，欣赏她的博识，聆听她的心语，赞赏她的才华，仰慕的品格。我们从诗琳通公主身上学到很多，公主的魅力是独特的，为中泰友好作出了杰出贡献，不但受到泰国人民的敬仰，也受到中国人民的尊敬。她无愧于中国人民伟大的国际友人。

（作者系北京大学外国语学院教授）

两件小事

任一雄

2001年初，诗琳通公主在北京大学进修的一个多月的时间里，我有幸参加了一些诸如迎送宴会、授予公主名誉博士学位的仪式和公主的学术演讲等大型活动，但坐定回想，倒是有两件小事，给我留下了更深刻的印象。

一位卖水果的老翁

3月中的一个周日，我随公主一行到西郊的大觉寺参观，并在寺内共进午餐。席间，我们谈起了母校朱拉隆功大学，一位老翁，在朱大文学院附近靠卖水果为生的华裔老翁，成了我们交谈的话题。

我1984年到朱拉隆功大学留学。到校后不久，就听到了老师和同学间流传着关于诗琳通公主的很多美谈：学习如何勤奋严谨，待人如何纯真可亲……其中，关于公主和一位卖水果老翁的故事，版本甚多：同学们告诉我，公主如何以一个普通学生的身份买他小推车里的水果，如何关照这位老翁，而老翁又如何受宠若惊，进而逢人便宣传他的水果如何成了连公主都喜欢的"贡品"，以致水果摊生意兴隆。一番描述下来，引得人们都想去见识见识这位幸运的老翁，生意也就格外地好。

老翁的水果摊就在古色古香的文学院花园旁边，一架曼谷街头随处可见的三轮车，上面用玻璃围成一个透明的罩子，里面是切好的水果：红的西瓜、黄的芒果、绿的杨桃，五彩斑斓，煞是好看。与众不同的是，一张刊有公主跟老翁买水果照片的报纸，醒目地夹在玻璃里面。

果然如同学所告，老翁显然是位华裔，操一口带有浓重潮州口音的泰语，跟前来买水果的顾客滔滔不绝地讲述诗琳通公主的故事：对熟人熟面的老顾客如此，对新来乍到的新顾客更是如此。他说的最多的是，他根本就没想到，贵为一国之公主，会到这么一个小摊上来买水果。

也正是这个原因，这么一件很小的事，却成了当时泰国社会的一大新闻。我跟公主说起，我的很多朋友，尤其是华人朋友，都跟我提及此事。人们从各自不同的角度，诠释着这个故事，描绘着他们心目中既高贵，却又可亲的公主。从公主灿烂的笑容以及这个小水果摊的故事里，人们感受到了公主的纯真、平实和她的仁爱之心。公主对当年的这一切都还记忆犹新，说到老翁借此向人们宣传他的水果如何之好，公主说，她至今还记得那车上的水果真的很好吃！这个小摊的生意也很好。我说："上午到王蒙家，您还说到，您译他的书要付版税的事。老翁的水果车上有您买水果的照片，您也应当收他的广告费。"公主开心地笑起来。随即，公主告诉我，这位老翁已经去世了。

诗琳通公主和任一雄教授（中）、郝平部长（左）合影。

我没想到，公主仍然会知道关于这位老翁的消息。按我的想象，公主离

两件小事

开学校已有多年，再说，她公务繁忙，说是日理万机，毫不过分。陪同她的范老师就告诉我，公主回国后的第二天就安排了活动。如果再想光顾这个水果摊，恐怕也非易事，断了联系是很自然的。公主在国际上有很多名人朋友，进餐时，公主跟陪同她的校长助理郝平博士谈起了与Scalapino等著名教授的交往，谈某人近来欠安，或某人已经故去。然而在谈到这位卖水果的老翁时，公主也像是在说她的一位老朋友，特别是说到他去世的消息，关切之情溢于言表，丝毫没有让人感到与谈到的那些名人有什么区别。

我未及详问公主是如何得知老翁的情况的，也许是通过新闻媒体，因为，老翁已经由此成了名人。而深受泰国百姓爱戴的，早已美誉满天下的诗琳通公主，也因这么一件小事和这样一位最普通的老人的故事（当然还有许多类似的故事），更让人们深深感悟到了她的美德。

很多事情，轰轰烈烈固然有震撼力，而实际上，人们更愿意从平凡看到伟大。因为看似平平淡淡的小事，最不事雕琢，最真实，因而也更具震撼力。

公主的名片

名片？

是的，名片。

那有什么，谁都有。

公主的名片。

啊？！公主的……

惊奇……疑惑……好奇……

头一次看见公主拿出她的名片，是在王蒙先生的家里。

公主与王老是老相识，王老的小说《蝴蝶》已由公主翻译成泰文出版。他们在一起评小说、品书画、忆往事，谈笑甚欢。临告辞时，公主拿出自己的名片给王老，并问王老是否有名片交换。

我当时的第一个感觉是好奇。可能在潜意识中认为，名片的主要功能是让别人认识自己：姓甚名谁，供职何处，职称职务等。常见还有在括弧中特别注明其职务相当于什么级别，以示身份。公主要什么名片？她深受人民崇敬爱戴，她的美名早已印在了人们的心中。名片的另一个功能是留下通信联络的地址。现在人们名片上，电话、传真、手机、E-mail、通信地址、邮编一应俱全，以告知别人如何跟自己联系。在我的感觉中，公主身居王宫，而王宫总是和威严、神秘联系在一起。因此，公主电话和通信地址，似乎也应当是秘不示人。而公主的名片能把这些都公之于众吗？不然，名片上印些什么呢？

好奇之外，又有些出乎意料。我注意到，每到一处参观访问，公主常常会主动拿出自己的名片与接待的主人交换，我相信几乎每一个得到公主名片的人都会有一点出乎意料的感觉。可能同样也是在潜意识中认为，交换名片是凡人百姓之所为。而公主拿出自己的名片交给你，那么自然，那么随和，就像朋友之间交换名片一样。让人觉得，住在王宫里的公主，在电视新闻中常见到的公主，原来离自己那么近，原来是一个可以和自己做朋友的人。从公主那里得到的何止是一张名片，那是一份信任，朋友般的信任。自然，我也很想得到这么一张名片。可是我知道，这是公主的名片，除非是她给你，否则我不便主动和她索要。

在陪公主参观郭沫若故居后，我们来到位于胡同中的"厉家菜馆"进餐。品尝着地道的北京风味的菜肴，交谈着关于两国语言和文化的逸闻趣事。说话间，公主拿出她的名片盒，抽出一张给我，问我是否有名片。我没想到如愿以偿，也得到了公主的名片。可自己刚回国不久，遍搜衣兜，只找到一张以前印的名片，只好拿出来涂改一番，回送给了公主。

诗琳通公主的名片是什么样子？上面印了些什么？我想，和我一样有好奇心的人也一定不少，那就让我们一起来鉴赏一下这张非同一般的名片吧。

名片的首行印的是公主的名字，没有通常所见的大号字。下端共有4行，印着通信地址（包括邮政编码）、电话、传真、E-mail和一个互联网主页的地址。这么详细的联络信息，大大出乎我的想象。

我也见过不少名人的名片，总的印象是，越是著名人物，名片上的信息越简单。若是比著名还著名的大人物，那名片上可能就只有一个醒目的大名，有一个一看就令人肃然的办公处。"人以贵为显"，似乎只有这样才能显示出其名声之盛，其身份之高。但是，这样的名片给人的距离感也十分明显。而贵为一国储君的诗琳通公主的名片，却和我们平常见到的普通人的一样，把这样翔实的地址交到你的手中，你感受到的是一种朋友般的坦诚。

然而，诗琳通公主的名片又不完全像一个普通人的名片。

在名字和地址之间，即通常以较大号字体印名字的地方，却印着一溜彩色的图片，很是夺目。从左至右依次排开的9张彩图是：一座闹钟，一个茶壶，一盏台灯，一摞书籍，一台打印机，一张光盘，一台电脑，一个半张着盖子的、金黄色的百宝箱，最后是一峰骆驼。

中国有句话说"文如其人"，名片其实也是可以当作一篇文章来阅读的。公主的名片正是一个绝好的印证。而这里的绝妙之处更在于，几张图画在这方寸之间所告诉我们的，绝不亚于一支生花妙笔。

诗琳通公主的勤奋好学，早已为世人所景仰。此次来北大进修，从给她授课的老师到所有直接或间接参与接待工作的人，都耳闻目睹了公主惜时如金、勤勉踏实、博闻强识、不尚浮华的好学风。走到哪里，就学到哪里，记到哪里。她已出版了多部记述来华访问的专著。那座闹钟、那盏台灯和那台亮着屏幕的电脑，不正是主人刻苦学习、勤奋工作的写照吗？

那个半张着盖子的百宝箱，在我看来，绝非随意之作。凡纳入箱中之物，皆为珍宝：公主不远万里带来的，是泰国文化的精华，公主跨山越水带回的，又是不同国家，不同民族的人民所创造的文明。宝箱半开，显示了主人渴求与世界交流的愿望和容纳不同文明的气度。

任一雄教授（左二）陪同诗琳通公主参观。

而这张名片的点睛之笔，是那一峰可爱的骆驼。那是一峰嘴角挂着微笑，眼戴着太阳镜，脖子吊着照相机，背负着行囊（驼峰处还绑着一台硕大的收录机），微扬着短尾，正抬着脚，向前行进着的骆驼。

骆驼是坚韧不拔的探索者。它可以忍饥耐渴，在人迹罕至的荒原、坎坷不平的道路上锲而不舍地行进。

骆驼又是一个友好使者的象征。古时中国与西域之间的往来，靠的就是这有沙漠之舟之称的骆驼。诗琳通公主在访问敦煌时骑过骆驼，她的那本《平沙万里行》的封面，即是骑着骆驼在沙漠中行进的照片。

我知道诗琳通公主的漫画画得非常好，但未及询问这峰骆驼是否出自她的手笔。不管是否是公主的御作，但这张小小名片的创意，已使得名片主人的率真之情、生活情趣和事业追求跃然纸上。

名片的最后一个令人叫绝之处是它的质地，那是一张晶莹透明的胶片。用透明胶片做名片，市上绝少见到。因此我相信，这绝不是信手而为。

诗琳通公主访问北京大学泰语专业,左三为任一雄教授。

所有接触过公主的人都对她的纯真留下了难忘的印象,用这张晶莹剔透的胶片来制作公主的名片,在我看来,真可以说是设计者的神来之笔:那不就是诗琳通公主人格魅力的真实写照吗?

诗琳通公主以一个朋友的身份把这张充满意趣的名片留给了我们。我想,所有得到它的人都会把这张普通而又非同一般的名片珍藏在自己的心中。

(作者系北京大学外国语学院教授)

"孩子们不相信我是公主"

薄文泽

我的一个朋友,女儿正在北大附小上一年级。有一天,老师告诉孩子们,泰国的诗琳通公主明天要来学校参观。孩子们一听,都激动得不得了。平时只在童话故事里听过,在卡通片里见过的公主,就要到北大附小来了!第二天,每个小朋友都特意穿上自己最漂亮的衣服,从早上开始,就眼巴巴地盼啊盼,盼着高贵的公主,身着雪白的曳地长裙,由小仙人前导,踩着祥云落到教室楼前。等啊,等啊,公主终于驾临了!可是,没有祥云,也没有曳地长裙和随驾的小仙人。"公主怎么不穿白裙子,跟白雪公主一样呢?"小朋友们交头接耳,互相打听。"阿姨,公主在哪儿呢?"一个小朋友天真地问了出来。这话恰好被诗琳通公主听到了,她开心地跟陪同的领导说:"孩子们不相信我是公主。"就这样,直到公主要离开学校了,孩子们才明白,原来,中间那个衣着朴素"阿姨"就是从泰国来的诗琳通公主啊!也许太出乎意外了,我那个朋友的孩子回到家里还追着爸爸问:"公主为什么不穿白裙子呢?怎么公主长得跟咱们一模一样呢?"

是啊,可能有许多人和我朋友这个孩子一样,觉得公主应该是万人仰视、高不可攀的。而我们在实际生活中接触到的诗琳通公主,却时时处处显得普普通通,每个接触过她的中国人都觉得她和蔼可亲、平易近人,而又充满了人格魅力。

2001年公主在北京大学研究中国语言和文化,那一个月里,她的每一分钟都得到了充分利用。就在紧张的工作里,她依然没有忘记把目光投向中国的普

薄文泽教授（后排右一）陪同诗琳通公主访问。

通人世界。在北京四中，她为不能亲自登临高踞八层之上的天文瞭望塔和学生一起观察天象而深感遗憾；在北京宏志中学，她特意来到位于地下室中的学生食堂，品尝大师傅炒的腊味荷兰豆和西芹百合。给我印象最深的是一天下午，我随公主外出参观回来，碰到裴老师带着一个研究生，为一些问题来请教随侍公主的苏帕拉教授，我正好对此也感兴趣，就坐在旁边听。正在讨论的时候，苏帕拉教授房间的门忽然开了，公主拿着一本书走了进来！原来她也有问题来找裴老师！想不到公主外出劳累了大半天，回到住处也根本不休息，马上就投入到紧张的学习和研究工作中了。她听了我们的讨论，也兴致勃勃地参加了进来。这个研究生研究的是东南亚的华人问题，公主热心地介绍她自己在这方面的研究体会，还推荐了好几本书，说其中有些材料值得参考。在整个谈话过程中，诗琳通公主谈笑风生，引用文献时信口道来，娓娓而谈。在座的人几乎真的忘记了她是公主，而只感觉到她是一位孜孜不倦的学者，一个时刻准备尽自己之所能，帮助别人的好人。

2001年春，诗琳通公主在北大结束研修后与泰语专业老师合影，左一为薄文泽教授。

公主多年来潜心推动北京大学与泰国学术界的合作，在工作中我们更多地感受到她性格中的坚韧和工作上的一丝不苟。公主每次来到北大，我们都要想，今年有什么值得汇报给公主听呢？为此我们必须加倍努力地工作，否则，面对公主和蔼的微笑，我们会感到惭愧。

在北京大学诗琳通科技文化交流中心，挂着一张诗琳通公主的玉照。照片中，公主身着华丽的宫廷礼服，面含矜持的微笑，气质高雅，雍容华贵，令人肃然起敬。照片上的公主与我们平时接触到的判若两人。看着这张照片，我有了更深一层的理解：公主走出王宫，以平常之心待人接物，入乡随俗，体察到的一切都转化成了她工作的动力！平易近人的外表下是一颗强大自信的心！这是真正的公主风范！让人不能不从心底里感慨："公主就是公主！"

我想，寓伟大于平凡之中，这正是诗琳通公主的魅力所在。

（作者系北京大学外国语学院教授）

勤练太极　强身健体
——我记忆中的泰王国公主诗琳通

彭　芳

一切的记忆依然鲜活生动于眼前，关于泰王国，关于中国太极拳，关于即将迎来的受人尊敬又尊贵、特殊的北大学生——诗琳通公主！

那是2001年的春天，北京初春的早晨是寒冷的，当晨曦的第一缕阳光撒在北京大学帕卡德公寓旁一片不大的场地上，美丽的未名湖畔迎来了晨练的第一批锻炼者时，我也迎来了我一生中最为尊贵、特殊的学生——泰王国公主。初识公主，她一身合体的运动装，齐耳的短发，和蔼而可亲，健康有精神，给人一种纯朴、平易近人的感觉。公主能讲一口流利的汉语，我紧张的心情也随着与公主简短的交流而缓解。

一天的教学开始了，公主对中国的太极拳了解不多，看得出公主急切想了解太极拳并亲身感受太极拳的魅力。我们的学习就从太极拳的基本拳理着手。什么是太极拳？练习太极拳的基本要素是什么？当讲到太极拳的基本要素就是练习过程中"意、气、形"的完美结合，其基本法则是"心静体松"时，公主对"心静"如何通过太极拳练习来调适产生了浓厚的兴趣，要求我一定要细讲。于是我告诉公主："所谓'心静'，就是指在练拳过程中，排除一切杂念，思想集中，精神关注，气息平稳。而'体松'是要求在练习太极拳时，要保持全身的肌肉、关节、韧带和内脏都处于轻松自然、安舒的状态。这些在太极拳练习中都是十分重要的。"公主同我站在练习场地的中央，寒冷的天气，夹带着刺人的凉风，公主全然不顾，静心听我对她讲，同行的侍官担心公主会着凉，要求公主戴上帽子，公主却告诉他们："我不会感冒。"看着公主认真的表情，我深深为之感动。

接下来我们便开始身体力行地进行太极拳的练习了。初学太极拳难免会感到枯燥乏味，动作一遍又一遍，反反复复。可公主一点也不怕，她认真地看、听、练，并不时会提出一些问题，一堂课练习下来，公主的额头已渗满了细密的汗珠。她告诉我，起初冻透了的双手及面颊，练习后已经变得暖和了。侍官们担心她太累，而她却一再要求再做一遍。每当练习结束时，公主都会因小有收获而和蔼微笑。

由于练习时间较短，且天气寒冷，所以我们一些太极拳的拳理都糅在练习动作的过程中去讲解，可有一次课上，我却不得不为公主提出的一个问题而停下来给她讲解。公主认为太极拳的动作名称非常有意思，名称很美很动听，一定有较深的内涵，要求告诉她"白鹤亮翅""手挥琵琶""海底针"等，是什么意思。于是我一边示范动作，一边对她讲每个动作的几层含义：一是动作本身的攻防含义；二是动作形似的含义；三是健身功用。攻防含义是指"以柔克刚""四两拨千斤"之意；形似则是动作本身的外形或过程与动作的名称相吻合；而健身功用则更多的是从动作呼吸、意识协调配合来达到运动关节、柔软筋骨、打通筋脉、气血畅通的作用。

通过几天的学习，公主已对太极拳理论及其所包含的中华文化的深刻底蕴有了一定的理解，开始感叹中华国粹的博大精深，内涵深远。我们的教学一天天进行着，公主掌握的动作也越来越多。她严格要求自己，非常努力地一遍遍练习，不断重复枯燥的动作，在练习中她不时会因为动作不稳而双手扶地，侍官们都很心疼她，她却毫不在意，拍拍手，再拍拍弄脏的裤子继续练。双手冻木了，就揉揉搓搓；双脚冰凉了，就跳跳跑跑，表现出公主一种不怕吃苦、勇于克服困难的精神以及顽强的毅力，直至脸颊淌下汗珠。当我让公主停下歇歇，并问她累不累时，公主擦着汗告诉我："累，动作很难，但很高兴我已学会了"。天气是寒冷的，我们的晨练却是轻松愉快的。默契的交流、认真的练习使公主和我的心都热乎乎的。公主练拳的热情和寒冷的天气形成了强烈的对比与反差。

2001年春，诗琳通公主在北大留学时练习太极拳。

一个月的时间在不知不觉中过去。在临近结束的前一天，24式太极拳也全部顺利学习完毕，学习效果非常令人满意，公主依靠自身良好的舞蹈基础和运动基础，加上勤奋刻苦的练习，已经能熟练地在音乐的伴奏下独立完成整套太极拳，且动作流畅、自然、舒展、大方、优美而规范。看到公主今天的收获，由衷地替她高兴，敬佩之心连连。和公主一个月的相处，虽然是教公主学习太极拳，但对我来说却是从公主身上学到了许多东西。她那平易近人的作风、刻苦认真学习的态度，特别是她表现出的中泰人民之间的友好感情和她那和蔼可亲的谈吐与面容，给我留下了深刻的印象。这份美好经历与珍贵的友情，永远存留在我的记忆里。一生念起，一生珍惜！

分别是依依不舍的，我在送给公主的留言簿上，恭敬地写道："勤练太极，强身健体！"这正是我对公主最美好的祝愿，祝愿公主殿下永远健康！

诗琳通公主与彭芳老师合影。

诗琳通公主与北京大学老师一行在萨芭通宫合影。

后来我又多次去泰国朱拉隆功大学孔子学院教学,也有幸多次被公主亲切接见。她依然是我记忆中那尊贵、亲切又质朴,和善、温润、甜甜的模样。当我们四目相对时,从公主的眼神和表情里,看见了深深的情谊与友好,那里写着:"我记得你,我的太极拳女老师。"并用中文对我说:"太极拳,我忘记了不少,我太忙了没时间练习。"她也许还会即兴生动地舞动起她记忆里的太极拳动作来……那和蔼亲切的表情与柔和温暖的话语,还有那鲜活生动的身姿,阳光、干净、率真的朗朗笑声,与10年前初识的公主一模一样。

诗琳通公主回忆太极拳动作,右二为彭芳老师。

与尊贵的泰王国公主共同切磋研习中国文化、学习太极拳的美好经历,永远留在了我心深处!恰逢公主60岁生日之际,送上我真挚祝福,永远祝福:我敬爱的诗琳通公主,身体健康,永葆青春!

(作者系北京大学体育部副教授)

友好使者　光辉楷模
——诗琳通公主与朱拉隆功大学孔子学院

傅增有

随着中国改革开放和经济的不断发展，在世界范围内掀起了一股学习汉语的热潮。为了满足各国人民汉语学习的需求，孔子学院应运而生。

2006年，泰国开始建立孔子学院。朱拉隆功大学孔子学院（以下简称朱大孔子学院）在诗琳通公主的亲自倡导下于2007年建立。自成立以来，朱大孔子学院在中国国家汉办/孔子学院总部以及北京大学和朱拉隆功大学的大力支持下，尤其是在诗琳通公主殿下的热情关心下，不断发展。诗琳通公主是中泰友好的杰出使者，是促进泰国汉语教育及泰国孔子学院发展的光辉楷模。

倡导建立

诗琳通公主一直热情地关心泰国孔子学院的建立和发展。在泰国开始建立孔子学院时，有人建议由北京语言大学与朱拉隆功大学合办一所孔子学院。2006年4月3日，诗琳通公主再次访问中国，中国驻泰国大使到机场为公主送行，谈到朱大建立孔子学院一事时，公主说："朱大建立孔子学院一定要与北京大学合办，因为朱大是我的母校，北大是我留学的大学。"公主的这一倡议很快得到中国驻泰大使馆和中国国家汉办的响应。

4月4日上午，诗琳通公主访问北京大学，在参加北京大学诗琳通科技文化交流中心的理事会后，出席了《北京大学与朱拉隆功大学合作建设孔子学院协议备忘录》签署仪式。北大国际合作部部长李岩松博士和朱大研究生院院长甘拉雅博士分别代表两校签字，北京大学校长许智宏、国家汉办副主任赵国成也出席签字仪式，我和北大诗琳通科技文化交流中心的其他理事也有幸见证了这一历史时刻。同年12月，北大校长许智宏与朱大校长坤仁素荼达签署了合作协议。公主的倡议促成了朱大孔子学院的建立。

诗琳通公主出席朱拉隆功大学孔子学院揭牌仪式，右二为傅增有教授。

2007年3月26日，朱大孔子学院成立揭牌仪式在朱大玛哈朱拉楼212室举行，诗琳通公主亲自为孔子学院揭牌并挥毫题写"任重道远"四个大字相赠，勉励孔子学院师生做好汉语推广工作，为加强中泰友好关系作出贡献。中国驻泰大使张九桓、朱大校长素荼达博士和以北大校务委员会副主任杨河教授为团长的北京大学代表团出席了揭牌仪式。随后，诗琳通公主还宴请了北大代表团，我本人也作为北大代表团成员之一有幸参加上述活动，至今仍是历历在目。

亲临指导

朱大孔子学院成立以来，诗琳通公主始终以极大热情关心和支持孔子学院的教学、文化活动。

公主殿下先后3次视察建设中的位于文学院诗琳通楼8楼的朱大孔子学院新

办公室施工现场，提出指导意见。公主还使用"诗琳通公主教育基金"为朱大孔子学院购买了办公桌椅等设施，使孔子学院中泰老师能够在明亮宽敞、舒适的办公室里开展汉语推广工作。

朱大孔子学院成立8年来，公主先后12次访问和出席了朱大孔子学院各项活动。我作为朱大孔子学院主要负责人之一，组织和亲历了公主每次的来访，得以近距离接触公主，深切感受到公主对汉语推广事业的热心支持！

我最为感动的一次是2008年11月的一天早上，我正在办公室埋头工作，突然听见有人推门进来，抬头一看，诗琳通公主殿下面带微笑地走进来。我惊讶而激动地问道："公主殿下怎么没有通知我们就来了？请殿下原谅，没有到门口迎接您！"公主和蔼地说："我来朱大参加活动，顺便到孔子学院看看。想请孔子学院邀请中国作家王蒙先生到朱大做一次中国文学方面的讲座。"公主的回答让我敬佩不已，贵为公主而且每天公务繁忙，这种事情让秘书打个电话就可以了，而公主却亲自而来，公主这种亲力亲为的精神让我的心情久久不能平静。我随后陪同公主参观了朱大孔子学院。

2009年1月17日，朱大孔子学院为中国著名作家王蒙举办了题为"中国当代文学生活"的学术专题讲座。诗琳通公主不仅出席了讲座的开幕仪式，而且还从头到尾认真地听，并不停地在笔记本上作记录。讲座结束后，公主还亲自陪同王蒙先生走上朱大最具泰国民族建筑特色的玛哈朱拉楼二层，热情地引导中国客人参观朱大孔子学院。公主这种平易近人、和蔼可亲、热情周到的精神，让王蒙先生及在场的中泰师生感动不已。

致力友好

诗琳通公主一直关心中泰友好发展和泰国中文教育发展。2005年7月20日，诗琳通公主应中国国家汉办邀请，到北京参加"第一届世界汉语大会"并作为嘉宾在大会上发言。公主殿下对孔子学院的宗旨和建立表示赞同，认为孔子学院的建立给汉语学习者们提供了最好的途径。公主衷心地祝愿汉语教学在世界各国不断发展，并表示自己也将致力于在泰国推动汉语教学和孔子学院的建设。公主用汉语说："语言是人类重要的交流工具，国与国之间要想加深友谊，学习对方的语言是最好的途径之一。学汉语不仅可以增长知识，而且可以广交朋友。随着人类历史不断发展，向世界推广汉语将有助于中国语言文化的传播，加深世界对中国的了解。"

公主标准的汉语、渊博的知识，还有她对中国语言文化的挚爱之情，深深地打动了每一位与会各国代表，赢得了阵阵掌声。这次大会之后，在诗琳通公主的热情支持下，泰国孔子学院和汉语教育事业得到蓬勃发展。

傅增有教授陪同诗琳通公主访问孔子学院总部/国家汉办。

2010年4月5日，诗琳通公主殿下第一次访问位于北京德胜门附近的中国国家汉办/孔子学院总部。在国家汉办主任、孔子学院总部总干事许琳的陪同下，诗琳通公主兴致勃勃地参观了位于汉办大楼一层的中国文化体验中心。在欢迎仪式上，公主用流利的中文发表了热情洋溢的致辞。她高兴地表示，通过此次参观访问，第一次近距离地了解孔子学院，学到了很多关于中国的知识。公主随后即兴挥毫泼墨，用中文为汉办题词：传承文明，增进友谊。

2011年12月，时任国家副主席习近平应邀访问泰国。23日，诗琳通公主作为泰国国王代表在吉拉达王宫会见了习主席，随后又在自己居住的萨芭通宫宴请习主席。公主还特别邀请了我和朱大孔子学院泰方院长马克仁博士、副院长蔡素平博士参加。我接到通知时，感到十分激动和荣幸。作为一名普通的北京大学教师，如果不是到朱大孔子学院担任中方院长，怎么可能有机会参加这样的宴会呢？如果不是公主心中一直想着泰国汉语推广工作，怎么会邀请孔子学院中方院长参加这样高级的活动呢？

诗琳通公主在萨芭通宫宴请习近平主席，后排左三为傅增有教授。

在宴会中，公主和习主席谈论的话题从汉语学习到中国作家池莉小说《她的城》的翻译，再到武汉小吃等中国美食，还谈到了习主席第二天将去访问的朱大是她的母校。当时我离习主席座位不远，习主席席间转过头来对我说："我知道你是北京大学的老师，在朱大留过学。朱大孔子学院办得很好，希望你们继续努力啊！"习主席还亲切地问我："准备在孔子学院再干几年？"诗琳通公主的热情好客，习主席平易近人的谈话都使我感到十分温暖和振奋，沉浸其中，如沐春风。这也是我参加过的印象最深的一次宴会。

24日上午，习近平副主席在回国之前，专程访问了朱大孔子学院，在朱大大礼堂发表了热情的讲话。习主席参观了泰国孔子学院成果展，我向习主席介绍朱大孔子学院的发展情况。中午，诗琳通公主还在萨芭通宫宴请了前来参加欢迎习主席访问活动的孔子学院总部总干事、国家汉办主任许琳和总部其他领导以及北大李岩松副校长率领的北大老师一行。宴会就设在前一天宴请习主席的大厅，公主热情友好、亲如一家的话语感动着每一位与会者。习主席此次访问和公主的高规格宴请极大地鼓舞了孔子学院中泰师生的汉语推广工作，极大地提高了朱大和孔子学院的声望。

2007年7月20日，我到朱大孔子学院担任首任中方院长。在8年的时间里，诗琳通公主曾多次邀请我和我的妻子刘志云到萨芭通宫参加欢迎中国客人的宴会，以及随行访问乌泰他尼府和耀华力唐人街的春节庆典等活动。让我终生难忘的是公主先后5次邀请我随行赴华访问，我跟随公主一起访问过北京、西安、成都、重庆、绵阳、延安、徐州等地方；2009年12月8日，在中国人民大会堂举行的"中国缘·十大国际友人"颁奖典礼上，公主流利的中文致词至今回响耳旁；2011年4月，公主到她捐款修建的四川绵阳先锋路小学看望中国小学生的动人场面，使我深深感受到公主对中国的友好之情，对青少年的慈善之心。跟随公主访华体会最深的一点是不管日程多么繁忙，公主都会去参观当地的历史博物馆、科技馆、大学和历史名胜。挎着相机、手拿笔记本和笔的形象已经成了公主的标志性形象，深深地铭刻在中泰人民心中。每次访问参观，公主都会一边认真参观一边细心询问。记得有一次在参观山海关长城时，公主在快上车的时候突然想起什么就问讲解员："吴三桂领清军入关的地方在哪儿？"我再一次深深感受到公主不仅知识渊博，还有一种温文尔雅的气质，以及锲而不舍的钻研精神。每一次跟随公主访问都是一次走近公主，一次极好的学习机会。

2012年6月24日傍晚，由孔子学院总部/国家汉办主办，朱大孔子学院承办的2012年亚洲和大洋洲孔子学院联席会在朱大举行。诗琳通公主出席大会开幕式并向来自34个国家的128所孔子学院（课堂）的260名与会代表发表热情洋溢的讲话。随后，公主还亲自为中国国家汉办主任、孔子学院总部总干事许琳女士颁发荣誉博士学位证书。这次会议充分体现了公主对中泰友好和孔子学院的高度重视，公主的出席提高了大会的规格，促使大会获得圆满成功。

言传身教

朱大孔子学院成立8年来，诗琳通公主先后5次为孔子学院题词。给我留下印象最深的一次是诗琳通公主2011年7月30日为《孔子学院》（中泰文版）杂志的创刊号题词。2010年5月，中国国家汉办/孔子学院总部正式批准朱大孔子学院承办《孔子学院》（中泰文版），我们请公主为创刊号题词，公主欣然接受。但因公务繁忙，公主一直没有时间题写，最后不得已在一次到外府巡视的途中抽空在笔记本上为院刊题词：促进汉语学习，增进泰中友谊！中泰老师收到题词并听闻此事后，欢欣之余是无比的感动。

诗琳通公主12次亲临朱大孔子学院举办的学术研讨会和中国文化活动，主持开幕仪式，有时公主还亲自到孔子学院作学术演讲，在泰国社会引起很大反响，极大地促进了朱大孔子学院的办学活动和中国文化交流活动的开展。

2009年10月22日，由朱大孔子学院组织的"新中国六十年：改革与发展"学术研讨会在朱大隆重举行。来自北京大学、朱拉隆功大学两所顶尖高校的专家学者齐聚一堂，共话新中国六十年来改革与发展的辉煌历程。诗琳通公主出席研讨会开幕式并发表了热情洋溢的主旨演讲。公主先用中文讲了一段，然后用泰文演讲，并指名让我做翻译。虽然感到很突然，但能再次为公主做翻译，我感到非常荣幸。在一个小时的演说中，公主回顾和赞扬了中国60年来的发展和进步，最后指出中国已成为泰国最重要的贸易伙伴之一，学习汉语、了解中国文化也已成为许多泰国人特别是年轻一代的愿望。希望本次研讨会能总结学习中国改革与发展的经验和教训，增进泰国各界对现代中国的了解。公主还欣然挥毫题下"中泰同庆"四个大字，表达泰国人民对新中国六十华诞的美好祝福。中国驻泰国大使管木、朱大副校长甘拉雅、北大副校长杨河等嘉宾出席了研讨会。

2011年是公主访问中国30周年，8月17日上午9时，诗琳通公主驾临朱大图书资料中心7层。在朱大校长披隆教授、中国驻泰国大使管木及北大校长代表张秀环教授先后致辞后，诗琳通公主走上讲台发表了访华30周年专题演讲。在一小时的演讲里，公主用幽默而风趣的语言带领听众们回顾了30年来访华的精彩瞬间，听众们跟随着公主的幻灯片纵览了中国30年的发展历程。公主极富亲和力的演讲感染了台下所有的听众。

演讲结束后，诗琳通公主及嘉宾观看了朱大孔子学院举办的"诗琳通公主访华30周年图片展"。在观看完图片展后，诗琳通公主还出席了朱大孔子学院中国文化体验中心的落成仪式并为之剪彩。诗琳通公主兴致勃勃地参观了装饰一新的中国文化体验中心后，欣然留下墨宝"中国文化源远流长"。诗琳通公主在一上午的时间内，连续出席了朱大孔子学院举办的三项活动，公主对孔子学院工作的重视与支持、热心可见一斑。

关怀备至

诗琳通公主殿下不仅关心孔子学院办学和发展，还十分关心中国汉语老师，使远离中国来到泰国孔子学院工作的中国老师感到温暖。

北京大学校领导多次来泰国访问朱大和孔子学院，从北京大学校务委员会主任朱善璐教授、副主任杨河教授，到校长许智宏教授、周其凤教授以及副校长张国有教授、李岩松教授等人，来泰国访问朱大或参加朱大孔子学院理事会年会都先后受到诗琳通公主在芭萨通宫的亲切接见和宴请。

朱大孔子学院每年举办泰国全国大学汉语教师培训活动,应邀来授课的北京大学汉语专家也有多人受到公主亲切接见。北大汉语专家王若江教授、汲传波博士等以及朱大孔子学院全体中国老师就曾在萨芭通宫受到公主亲切接见和宴请,公主的嘘寒问暖以及萨芭通宫美味的泰国佳肴让中国老师们倍感亲切。

此外,每年朱大和朱大文学院都会举行新年施斋活动,诗琳通公主都会在朱大孔子学院台桌前驻足一会儿,用流利的汉语和老师们交谈,慰问朱大孔子学院中泰教师。孔子学院中方院长代表孔子学院多次向诗琳通公主赠送新出版的《孔子学院》(中泰文版)杂志和新年挂历等礼物。

傅增有教授(中)向诗琳通公主赠送新出版的《孔子学院》(中泰文版)创刊号。

尤其令人难忘的是诗琳通公主在中国传统节日时还不忘关心孔子学院的中国老师,多次赠送节日礼物。2008年9月12日,中国传统节日中秋节即将到来时,诗琳通公主给朱大孔子学院送来一篮月饼以庆佳节。时值朱大孔子学院和中文专业合作举办"明月与中秋专题讲座"活动,中泰师生共同品尝了公主赠送的月饼,大家都十分感动。

2011年2月2日除夕，朱大孔子学院举行春节茶话会，全体中国教师及泰国教师代表欢聚一堂，欢庆兔年春节。诗琳通公主专门委托朱大孔子学院泰方院长马克仁博士赠送一篮橘子给孔子学院中国汉语教师。吃着公主送来的橘子，老师们从内心感激公主殿下的节日祝愿和对中国汉语教师的关心。

热情支持

诗琳通公主不仅自己三十年如一日地坚持学习汉语，还鼓励自己身边的工作人员学习汉语。2007年底的一天，朱大孔子学院泰方院长马克仁博士对我说诗琳通公主身边的王宫秘书厅官员希望学习汉语，请孔子学院帮忙。2008年1月8日，王宫官员汉语培训班第一期开班，至今已经7年。七年来，有300多名官员参加汉语学习，已成为朱大孔子学院一项长期汉语培训项目。我担任王宫班任课老师5年后，由于工作和身体的原因，2013年后就由陈思和马仁凤两位年轻老师接替。王宫上课的教室设在大王宫里的萨拉卢坤奈殿，教室宽敞典雅，学员们安静地等候老师来上课。他们大部分来自国王、王后、诗琳通公主、朱拉蓬公主等王室成员办公室，以诗琳通公主办公室的官员居多。其中有公主秘书、秘书厅副秘书长等领导，也有王宫普通公务员。学员们学习认真努力，按时上课，按时交作业。他们平时工作繁忙，上课时间就安排在每个星期六，如果需要值班不能来上课时，还会打电话或写信向老师请假。有一次我问他们为什么学习汉语？他们异口同声地说："公主学习汉语，我也要学习汉语""我们要以诗琳通公主为榜样，学习汉语"。每期培训结束时，学员们的学习成绩都要向公主汇报。公主十分关心王宫官员学习汉语的情况，多次对我说："你的学生很努力。"公主还说她的秘书坤仁阿拉雅在陪同她出访外国途中，在飞机上复习、背诵汉语课文，做作业。

朱大孔子学院为了照顾到王宫官员们工作的特殊性，还专门把HSK考试安排在大王宫里举行。有的学员通过几年的学习已经通过HSK4级考试。王宫官员学习汉语，汉语走进王宫，这是泰国历史上的第一次，也是中泰关系史上的首次。这一切都离不开公主的关心，是在公主光辉榜样引导下得以实现的。

公主还批准萨芭通宫博物馆官员参加朱大孔子学院王宫官员赴华汉语研修班项目活动，到北京大学进行短期汉语学习和专业考察。如2014年5月16日至24日，由王宫秘书厅占塔妮（张金凤）副秘书长、公主副秘书查娃丽（蔡明远）率领5名芭通宫博物馆官员，与王宫官员赴华汉语研修班20名学员一起到达北京，参观考察北京大学图书馆、中国国家图书馆和中国国家博物馆，获得关于古籍保管和修复知识，回到泰国后向诗琳通公主汇报，加强了萨芭通宫博物馆文物和图书的保护工作。

诗琳通公主长期以来为培养泰国国家人才而呕心沥血，使用公主个人基金资助大批泰国学生到中国留学，其中资助到北大留学的泰国学生就有30多人。公主资助的一名艺术大学教师到北大学习美术学专业博士之后，回到艺术大学当老师已经两年了，公主还资助多名泰国中学生到北大读数学、物理专业的本科、研究生课程。值得一提的是，诗琳通公主还热情支持朱大孔子学院推荐到北大学习的泰国学生，其中包括获得孔子学院奖学金和获得北京大学奖学金的两部分泰国学生。

我印象深刻的是一名杨姓泰国高中毕业生。他是泰北山地华人的后代，在佛寺中长大。该生经北大招生专家团面试后，在北大留办支持下，获得了中国政府全额奖学金赴北大学习。但由于历史原因，他没有身份证不能办理护照。这时公主办公室给我发了一封信，向我求证他是否已经获得北大奖学金。得到证实后，在公主直接关心下，经泰国教育部以及内政部协助，他的身份证和护照问题得以解决，顺利到北京大学中文系学习。还有几位泰国高中生获得免学费的部分奖学金去北大学习，因家庭经济困难，在住房和生活费用上有困难，也及时得到了公主基金的支持，使他们得以继续在中国留学。公主的资助不仅是对孔子学院工作的支持，对于这些泰国学生来说更是一种雪中送炭的善行，公主是他们人生成功之路上的恩人。

高瞻远瞩

朱大孔子学院为了适应泰国人民对汉语学习的需求，2012年在中国国家汉办/孔子学院总部的支持下，依托北大和朱大两所中泰最高学府的优势，开始积极建设朱大孔子学院中文图书馆。计划逐渐增加藏书数量，最终达到20万册中文图书藏书量，建成泰国乃至东南亚最大的中文图书资料中心，把朱大孔子学院建设成泰国的中文图书资料和中国学研究中心及泰国培养高级汉语人才基地。诗琳通公主高瞻远瞩地给予了热情的支持。

2014年1月3日，诗琳通公主驾临朱大视察了正在建设中的朱大孔子学院中文图书馆，了解中文图书馆的建设规划，参观现有的2万册中文图书。诗琳通公主还参观了在馆内办公的《孔子学院》（中泰文版）编辑部，走进办公室和编辑老师们亲切交谈。公主愉快地与朱大孔子学院全体中泰教师合影留念。公主和蔼可亲、平易近人，让朱大孔子学院全体教师备受鼓舞。

2015年1月7日，朱大孔子学院诗琳通中文图书馆揭牌成立仪式隆重举行。诗琳通公主殿下亲临出席在朱大文学院玛哈瓦楼拉兀楼三层举行的开馆仪式，赐名为"诗琳通中文图书馆"，并用毛笔写下"诗琳通中文图书馆"八个汉字。朱大校董会主席素察达教授、校长披隆教授、副校长甘拉雅女亲王、中国大使馆教育一秘周高宇、中国国家汉办驻泰代表孙玲博士以及北京大学图书馆馆长朱强博士为代表的中泰两国图书馆学界专家30余人出席了揭牌仪式。朱大孔子学院诗琳通中文图书馆目前馆藏图书24000册，将为朱大和泰国汉语教学和汉语人才培养作出积极贡献。

朱大孔子学院是在公主殿下的亲自倡导下建立起来的，它架起了两国人民加强了解、增进友谊的又一座桥梁。在诗琳通公主的关心下，朱大孔子学院努力开展汉语教学和中泰文化交流推广工作，为促进朱大中文学科发展，为泰国中文人才培养，作出了可喜的贡献。可以说没有诗琳通公主的关心就没有朱大孔子学院的建立，没有公主殿下的支持就没有朱大孔子学院今天的发展。

诗琳通公主殿下30多年坚持不懈学习汉语，听、说、读、写、译样样皆能，堪称典范；公主殿下通过著书立说、翻译中国文学作品等形式向泰国人民介绍中国社会和中国文化，促进了中泰两国人民的了解和友谊。公主还十分关心泰国汉语教育事业的发展，支持在泰孔子学院推广汉语。除朱大孔子学院外，公主还曾访问东方大学孔子学院、孔敬大学孔子学院、皇太后大学孔子学院、吉拉达学校孔子课堂和岱密中学孔子课堂等，为孔子学院（课堂）成立揭牌或题词，为促进泰国汉语教育发展和中国文化传播作出巨大贡献。可以说没有诗琳通公主身体力行的榜样作用和对汉语教育的热情支持，就不会有泰国轰轰烈烈的汉语学习热潮，也就不会有泰国孔子学院（课堂）的蓬勃发展。

1981年5月12日，诗琳通公主首次访问中国，是泰国王室访华的第一人。34年来，诗琳通公主先后对中国进行了38次正式访问，走遍了中国大江南北，极大地促进了"中泰一家亲"友好关系的发展，并对孔子学院（孔子课堂）的建立和发展，汉语在泰国的普及和推广作出了杰出的贡献。诗琳通公主是中国人民尊敬的伟大的朋友，是中泰人民的友好使者，是促进中泰友好关系的光辉典范。2015年4月2日适逢诗琳通公主六十华诞，我们谨祝公主殿下凤体康健，福寿绵延！

（作者系北京大学外国语学院教授、
朱拉隆功大学孔子学院首任中方院长、高级顾问）

紫檀缘　中泰情

陈丽华

时光荏苒，转眼间已经11年过去了，我回想起诗琳通公主在2004年访问中国紫檀博物馆的情景，依旧历历在目。

2004年2月的一天，我们博物馆的办公室接到有关方面的通知，获悉泰国诗琳通公主将到中国紫檀博物馆参观的消息。中国紫檀博物馆自1999年开馆以来，作为北京市重点的对外文化宣传窗口，经常接待一些国外的贵宾。诗琳通公主热爱中国历史和文化，对中国和中国人民有着十分友好的情谊。这次能够接待诗琳通公主，也是我们博物馆的荣幸。

诗琳通公主参观中国紫檀博物馆。

诗琳通公主在中国紫檀博物馆留影。

2004年2月27日的下午,诗琳通公主一行如约而至,我和我的家人们在博物馆的大门口迎接,公主殿下非常随和,穿着简朴,完全没有架子,给人的感觉就像是老友相见。在我们的陪同下,公主殿下饶有兴趣地参观了博物馆的每件展品。在参观的整个过程中,公主殿下手里拿着笔记本,时不时地做着笔记,认真地记下讲解员解说的内容,并提出一些问题。早就听说过诗琳通公主酷爱中国文化,这次我是亲身感受到了公主殿下的好学和认真的态度。在参观结束后,公主殿下用毛笔为我馆题写了"能工巧匠"四个中文大字,这是对我馆展品最大的肯定和鼓励。从公主殿下用毛笔题写中文的过程可以看出她深厚的中文造诣。

参观结束后,为表达对公主殿下的欢迎和敬意,我们还准备了一场精彩的演出,我馆迟重瑞副馆长(中央电视台87版电视剧《西游记》中唐僧的扮演者)特意请来了他的三位徒弟六小龄童(孙悟空扮演者)、马德华(猪八戒扮演者)和闫怀礼(沙僧扮演者),他们师徒四人扮上了《西游记》电视剧中的造型,表演了精彩的节目。公主殿下看到精彩之处,也不时地高兴鼓掌，她说西游记师徒四人的经典形象在泰国也是深入人心，广为流传，感谢我们为她准备的精彩节目，同时，公主殿下向我发出了邀请，邀请我们有机会时去泰国访问。

诗琳通公主与电视剧《西游记》演员合影。

陈丽华馆长（前）向诗琳通公主敬献花环。

2005年11月,时值中泰建交30周年,我随全国人大副委员长、全国妇联主席顾秀莲率领的中国妇女代表团访问了泰国。在访泰期间,诗琳通公主殿下出席了盛大的欢迎晚宴,我代表中方代表团向公主殿下敬献了花环,老朋友再次相见,分外高兴。当时我也目睹了泰国人民对公主殿下的尊敬和拥戴,这些也与公主殿下亲民作风是分不开的。

　　时值诗琳通公主殿下六十华诞之际,我谨代表中国紫檀博物馆全体员工向公主殿下表示衷心地祝福并致以崇高的敬意,并欢迎公主殿下再次访华期间来我们博物馆参观做客,再叙紫檀缘,共襄中泰情。

（作者系全国政协港澳台侨委员会副主任、中国紫檀博物馆馆长）

编后语

　　泰王国公主诗琳通热爱中国文化，从1980年开始，35年来孜孜不倦地学习汉语。从1981年第一次访华以来，至今先后访华41次，足迹遍布中国的大江南北。诗琳通公主长期致力于发展中泰友好事业，为促进中泰两国的文化、教育和科技交流，为增进中泰两国人民的友好发挥了无可替代的作用，作出了巨大的贡献。为此，中国人民对外友好协会授予公主"中泰友好使者"称号，中国网民评选公主为中国人民最喜爱的"十大国际友人"。这些殊荣，公主当之无愧。

　　朱拉隆功大学孔子学院是在诗琳通公主倡导下，由中国北京大学和泰国朱拉隆功大学合作建立的。2015年4月2日是诗琳通公主六十华诞，中泰两国都隆重庆祝。为此，朱拉隆功大学孔子学院编辑了《中国人民心中的诗琳通公主》和《诗琳通公主访华题词荟萃》两本文集，献给诗琳通公主殿下六十华诞。

　　本项目获得许琳主任和孔子学院总部/国家汉办支持，列入朱拉隆功大学孔子学院2014年重大工作项目之一。得到北京大学和朱拉隆功大学校方的大力支持，主管孔子学院事务的北大副校长李岩松博士和朱大副校长甘拉雅女亲王给予了指导。庆祝诗琳通公主六十华诞项目得到以习近平主席为首的中国国家领导人的关心，中国人民政治协商会议全国委员会主席俞正声发来了贺词。本书谨以俞正声主席的贺词为序，以示郑重。

　　我们邀请中国有关领导人、外交官、作家、学者等相关人士根据本人在接待以及与诗琳通公主接触交往中，经历和了解的一两件感人小事，体现诗琳通公主热心中泰友好的事迹，为《中国人民心中的诗琳通公主》文集撰写一篇文章。

28位撰稿人中有中国国家领导人、部长、中国驻泰国大使、著名作家、公主汉语老师以及多次接待过公主的相关人士。因工作等原因，30多年以来，他们有机会近距离接触诗琳通公主，从官方场合、学习研究、参观访问以及日常生活等不同方面，介绍公主品德和风度、风格和情趣、善良和友好，彰显公主勤奋好学、平易近人、宽厚仁慈、友好诚挚的人格魅力。28位作者以饱含敬意的文笔，回忆与诗琳通公主交往和接触的点点滴滴，把在公主身边的所见所闻所感记载下来，写出了鲜活生动的公主形象，并提供了与公主在一起的宝贵照片，让人们看到一个形象更加真切丰满感人的公主。使这位中泰两国人民的友好使者、为中泰友好作出巨大贡献的公主的高尚品德及对中国的友情传诸于世，在中泰交往史上留下生动美好的记忆，无疑是一件非常有意义的事情。在此向各位作者深表谢意。

《中国人民心中的诗琳通公主》庆祝文集得到孔子学院总部/国家汉办的关心，并给予出版经费的支持，在诗琳通公主学习过的北京大学的出版社出版。本书将见证诗琳通公主30多年来对中国人民的友好之情，也是泰国朱拉隆功大学孔子学院和中国人民献给诗琳通公主殿下六十华诞的特别礼物，它必将进一步促进中泰两国文化交流和中泰两国人民友好关系的发展。在此，我们向有关领导人、孔子学院总部/国家汉办、北京大学和朱拉隆功大学以及对此书编辑出版给予支持和帮助的所有人士表示衷心的感谢。

朱拉隆功大学孔子学院首任中方院长、朱大孔子学院高级顾问傅增有教授和朱拉隆功大学文学院院长、朱拉隆功大学孔子学院首任泰方院长马克仁（泰）博士担任本书主编，傅增有教授为朱大孔子学院庆祝诗琳通公主六十华诞项目负责人，负责组织编辑工作。

朱大孔子学院参加本书编辑工作的中泰老师有朱大孔子学院中方院长韩圣龙博士、泰方副院长蔡素平（泰）博士，汉语教师陈思、钟晓燕、傅晓莉、林

编后语

银贞（泰）。朱大孔子学院公派教师陈思还参加了本书后期审校工作。

诗琳通公主殿下对本书的编辑出版给予热情关心，特别恩准无偿使用公主玉照、庆祝公主六十华诞徽标以及访华题词和照片，使本书得以问世，在此谨向公主殿下致以衷心的感谢和崇高的敬意！

在本书编辑过程中得到了诗琳通公主办公室主任、公主秘书阿拉雅夫人和公主办公室敖兰芳女士、韩雯珂博士的热情帮助，在此表示由衷的感谢。

曾经教授诗琳通公主汉字书法的北京大学教授、著名书法家张振国教授应邀为本书题写了书名，特此致谢。

北京大学出版社为本书出版大开绿灯。杨立范副总编辑、杜若明编审、邓晓霞副编审和多位编辑从出版立项、装帧设计、图片增补到文稿编辑都付出了诸多辛劳，在此谨向他们致以诚挚的感谢。

由于水平和时间有限，本书不足之处在所难免。我们期待着各方专家的指教。

编者

2015年8月20日